# Lições de jornalismo

CIP – Brasil. Catalogação na fonte
Sindicato Nacional dos Editores de Livros, RJ

C979L

Cunha, Odir
  Lições de jornalismo / Odir Cunha. – São Paulo: Summus, 2017.
  160 p.

  ISBN 978-85-323-1059-0

  1. Jornalismo – Manuais, guias, etc. 2. Jornalismo – História. I. Título.

16-37083
CDD: 070.4
CDU: 070

www.summus.com.br

Compre em lugar de fotocopiar.
Cada real que você dá por um livro recompensa seus autores
e os convida a produzir mais sobre o tema;
incentiva seus editores a encomendar, traduzir e publicar
outras obras sobre o assunto;
e paga aos livreiros por estocar e levar até você livros
para a sua informação e o seu entretenimento.
Cada real que você dá pela fotocópia não autorizada de um livro
financia o crime
e ajuda a matar a produção intelectual de seu país.

# Lições de jornalismo

ODIR CUNHA

summus editorial

*LIÇÕES DE JORNALISMO*
Copyright © 2017 by Odir Cunha
Direitos desta edição reservados por Summus Editorial

Editora executiva: **Soraia Bini Cury**
Assistente editorial: **Michelle Neris**
Capa: **Alberto Mateus**
Projeto gráfico e diagramação: **Crayon Editorial**
Impressão: **Sumago Gráfica Editorial**

**Summus Editorial**
Departamento editorial
Rua Itapicuru, 613 – 7º andar
05006-000 – São Paulo – SP
Fone: (11) 3872-3322
Fax: (11) 3872-7476
http://www.summus.com.br
e-mail: summus@summus.com.br

Atendimento ao consumidor
Summus Editorial
Fone: (11) 3865-9890

Vendas por atacado
Fone: (11) 3873-8638
Fax: (11) 3872-7476
e-mail: vendas@summus.com.br

Impresso no Brasil

*Ofereço aqui meu aprendizado de 40 anos de profissão aos estudantes de jornalismo e aos que pretendem desvendar os muitos segredos dessa atividade que exige muito mais do que a técnica. Não à toa classifico a humildade como qualidade primordial a todo jornalista. Sem ela não se consegue aprender nada, muito menos ensinar.*

# Sumário

**PREFÁCIO** . . . . . . . . . . . . . . . . . . . . . . . . . . . . . . . . . . . . . . . . . . . . . . . 11
Fernando Portela

**APRESENTAÇÃO** . . . . . . . . . . . . . . . . . . . . . . . . . . . . . . . . . . . . . . . . . . 17

**1** HUMILDADE . . . . . . . . . . . . . . . . . . . . . . . . . . . . . . . . . . . . . . . . . . . 19
Os copidesques do *Jornal da Tarde* . . . . . . . . . . . . . . . . . . . . . . . . . . . . 19
Johnny Black, um anjo Excelsior . . . . . . . . . . . . . . . . . . . . . . . . . . . . . . 21
O porteiro comentarista . . . . . . . . . . . . . . . . . . . . . . . . . . . . . . . . . . . . 23
Repórter fala com todo mundo . . . . . . . . . . . . . . . . . . . . . . . . . . . . . . . 25
Repórter arrogante tem vida curta . . . . . . . . . . . . . . . . . . . . . . . . . . . . 27
Madre Teresa de calças . . . . . . . . . . . . . . . . . . . . . . . . . . . . . . . . . . . . 30

**2** RESPEITO . . . . . . . . . . . . . . . . . . . . . . . . . . . . . . . . . . . . . . . . . . . . . 33
Que estilo seguir? . . . . . . . . . . . . . . . . . . . . . . . . . . . . . . . . . . . . . . . . 33
Um conselho vital . . . . . . . . . . . . . . . . . . . . . . . . . . . . . . . . . . . . . . . . 35
Obedeça às leis . . . . . . . . . . . . . . . . . . . . . . . . . . . . . . . . . . . . . . . . . . 37
Horário é sagrado . . . . . . . . . . . . . . . . . . . . . . . . . . . . . . . . . . . . . . . . 39
Prazo é tudo . . . . . . . . . . . . . . . . . . . . . . . . . . . . . . . . . . . . . . . . . . . . 41
Brincadeira tem hora . . . . . . . . . . . . . . . . . . . . . . . . . . . . . . . . . . . . . 43

**3** ISENÇÃO . . . . . . . . . . . . . . . . . . . . . . . . . . . . . . . . . . . . . . . . . . . . . 47
Qual é o nosso lado . . . . . . . . . . . . . . . . . . . . . . . . . . . . . . . . . . . . . . 47
Jornalista não é fã . . . . . . . . . . . . . . . . . . . . . . . . . . . . . . . . . . . . . . . 49
Meritocracia . . . . . . . . . . . . . . . . . . . . . . . . . . . . . . . . . . . . . . . . . . . . 51
Sem panelinhas . . . . . . . . . . . . . . . . . . . . . . . . . . . . . . . . . . . . . . . . . 53

Ouvir os dois lados. . . . . . . . . . . . . . . . . . . . . . . . . . . . . . . . . . . . . . . . . . . . . 55

Sem olhar a quem . . . . . . . . . . . . . . . . . . . . . . . . . . . . . . . . . . . . . . . . . . . . . 58

**4** PRECISÃO . . . . . . . . . . . . . . . . . . . . . . . . . . . . . . . . . . . . . . . . . . . . . . . 61

A palavra mais doce. . . . . . . . . . . . . . . . . . . . . . . . . . . . . . . . . . . . . . . . . . . . 61

Números não mentem – mas só os corretos. . . . . . . . . . . . . . . . . . . . . . . . 63

Não confie na sua memória . . . . . . . . . . . . . . . . . . . . . . . . . . . . . . . . . . . . . . 65

Desconfie até dos especialistas. . . . . . . . . . . . . . . . . . . . . . . . . . . . . . . . . . . 67

Escreva com o dicionário ao lado . . . . . . . . . . . . . . . . . . . . . . . . . . . . . . . . . 69

A precisão está nos detalhes . . . . . . . . . . . . . . . . . . . . . . . . . . . . . . . . . . . . 71

**5** EMPATIA . . . . . . . . . . . . . . . . . . . . . . . . . . . . . . . . . . . . . . . . . . . . . . . 75

Defederico na *FourFourTwo* . . . . . . . . . . . . . . . . . . . . . . . . . . . . . . . . . . . . 75

A volta de Serginho Chulapa . . . . . . . . . . . . . . . . . . . . . . . . . . . . . . . . . . . . 77

Tubos e conexões. . . . . . . . . . . . . . . . . . . . . . . . . . . . . . . . . . . . . . . . . . . . . . 79

O pão que deu frutos. . . . . . . . . . . . . . . . . . . . . . . . . . . . . . . . . . . . . . . . . . . 81

Na pele do *qualifier* . . . . . . . . . . . . . . . . . . . . . . . . . . . . . . . . . . . . . . . . . . 83

De iates a *workaholics*. . . . . . . . . . . . . . . . . . . . . . . . . . . . . . . . . . . . . . . . 86

**6** ABNEGAÇÃO . . . . . . . . . . . . . . . . . . . . . . . . . . . . . . . . . . . . . . . . . . . 89

Você aceita trabalhar de graça? . . . . . . . . . . . . . . . . . . . . . . . . . . . . . . . . . 89

O indomável Borrachinha. . . . . . . . . . . . . . . . . . . . . . . . . . . . . . . . . . . . . . . 91

O feijão e o jornalismo. . . . . . . . . . . . . . . . . . . . . . . . . . . . . . . . . . . . . . . . . 93

Eterno estudante . . . . . . . . . . . . . . . . . . . . . . . . . . . . . . . . . . . . . . . . . . . . . 95

Um olhar para o futuro . . . . . . . . . . . . . . . . . . . . . . . . . . . . . . . . . . . . . . . . 98

Valor *versus* valores . . . . . . . . . . . . . . . . . . . . . . . . . . . . . . . . . . . . . . . . . 100

**7** TÉCNICA . . . . . . . . . . . . . . . . . . . . . . . . . . . . . . . . . . . . . . . . . . . . . 103

Pirâmide invertida . . . . . . . . . . . . . . . . . . . . . . . . . . . . . . . . . . . . . . . . . . . 103

No rádio esportivo, emoção conta . . . . . . . . . . . . . . . . . . . . . . . . . . . . . . . 105

Texto final . . . . . . . . . . . . . . . . . . . . . . . . . . . . . . . . . . . . . . . . . . . . . . . . . . 107

Truques com imagens. . . . . . . . . . . . . . . . . . . . . . . . . . . . . . . . . . . . . . . . . 109

Já fui o Milton Neves . . . . . . . . . . . . . . . . . . . . . . . . . . . . . . . . . . . . . . . . . 111

Fantasma de carne e osso . . . . . . . . . . . . . . . . . . . . . . . . . . . . . . . . . . . . . 114

**8** CONHECIMENTO ........................................... 117

Dossiê, o maior reconhecimento ..................................... 117

Uma entrevista com Rod Laver ...................................... 119

Para uma boa cobertura ............................................ 121

Escrever sobre Pelé ................................................ 123

O prazer de descobrir coisas ........................................ 125

Torne-se um especialista ........................................... 127

**9** OUSADIA ................................................. 131

O cavalheiro Andrés Gómez ......................................... 131

Andy Warhol e a Rainha ............................................ 133

À espera de Amyr Klink ............................................ 135

Tirem a mão desse homem .......................................... 137

Um campeão impulsivo ............................................ 139

Em busca do Prêmio Esso ........................................... 142

**10** CRIATIVIDADE ........................................... 145

Ambiente criativo ................................................. 145

Jorge de Souza falta ao ensaio ...................................... 147

Assessoria de imprensa fora do padrão .............................. 149

Lourinaldo, Pequeno e eu .......................................... 151

A arte do título .................................................... 153

João Bosco cantando com Elis Regina ............................... 156

# Prefácio
## E o foca virou professor

Já QUE VAMOS FALAR bastante de humildade, que eu não me perca pela soberba. Mas devo dizer que, após do *Jornal da Tarde*, a definição de "foca" sofreu uma dicotomia: havia o foca, o normal, o estagiário, aprendiz de jornalista; e havia o foca do *Jornal da Tarde*. Duas categorias dessemelhantes; antagonistas, quem sabe?

Nós, fundadores do *JT*, desde o segundo semestre de 1965, quando elaborávamos os números zero, formamos um grupo extremamente unido, consciente de que lançaria, mais do que uma grande novidade, uma surpresa na praça, o que acabou acontecendo. Por isso mesmo, nosso clube não estava aberto a aventureiros. Ou melhor, a não aventureiros. Há um caso exemplar de um hoje grande escritor que, naquela época, fez de tudo para trabalhar conosco – e não foi aceito. Não era o jornalista dos nossos sonhos; ele mesmo reconheceu, anos depois.

Redatores de texto gongórico não chegavam nem perto do sexto andar da rua Major Quedinho, no centro de São Paulo; assim como a maioria das estrelas de outros veículos, quase todas, para nós, inadequadas; mestres, reconhecíamos poucos, como Mino Carta, Murilo Felisberto e Ruy Mesquita, este último por ter a coragem empresarial, levemente suicida, de bancar aqueles garotos, quase todos por volta dos 20 anos – uma fauna meio estranha de (aparentemente) bem comportados, misturados a pré-hippies, cabeludos, exóticos em geral.

Não tínhamos a menor dúvida de que iríamos crescer, e muito, até porque a Edição de Esportes, embrião do *Jornal da Tarde*,

ODIR CUNHA

vendida nas bancas do centro de São Paulo nas noites de domingo, era muito bem recebida. O *JT* pegou fácil, com sua universalidade de sotaque paulistano – no nosso jornal, a cidade que nos abrigava era também maravilhosa. Dela, explorávamos segredos e virtudes, e, em troca, lhe interpretávamos o mundo.

No entanto, se nosso destino era crescer, dentro de um time fechado, iríamos trabalhar com quem? Resposta fácil: com os precursores de Odir Cunha, que chegaria ao jornal pouco mais de dez anos depois.

Quando ele apareceu, em 1977, já tínhamos expertise em matéria de focas. Dezenas de garotos, naqueles 11 anos de *JT*, haviam passado pelo jornal, e poucos ficaram. Eles não eram Odir. Não tinham a curiosidade inexperiente de Odir, seu verdejar imprescindível às necessidades do veículo, ou, o principal, sua humildade – e por isso ganharam um "até nunca" em pouco tempo. Odir, apesar das teorias recebidas na faculdade, um tanto obsoletas, era a cobiçada massa de modelar. Sem virtudes controversas e, sobretudo, sem vícios. Como não tinha pisado na rua, atrás de notícia, não sabia de nada. Moldá-lo era a nossa função, e eu fui um dos seus escultores.

Como chefe da reportagem Geral e depois editor, trabalhei anos com esses meninos e meninas e desenvolvi um olho clínico. Na primeira conversa, sacava, em primeiro lugar, quais equívocos absorvidos na escola dariam mais trabalho para corrigir. Desensinei muita coisa.

Odir, aliás, narra no livro sua primeira conversa comigo, quando ele veio com a história da "pirâmide invertida" do lide, técnica superada desde o começo dos anos 1960 pelo *Jornal do Brasil*, que nos antecedeu em matéria de inovação. Lembro que aquilo me deixava um pouco desolado: o *JB* e o *JT* já haviam destruído a "pirâmide invertida" há tanto tempo, e ainda havia acadêmicos conservadores, antiquados, dizendo aos alunos que jornalismo era aquilo.

De qualquer forma, ali estava aquele garoto, louco para aprender. Esperto, grudava em todo mundo, sugando o que lhe parecia

LIÇÕES DE JORNALISMO

mais criativo. Quando o mandei de volta às fronteiras da periferia para colher dados que esquecera, não fez cara feia, não reagiu. Lembro bem dele na redação: só queria imitar os bons; perguntava o tempo todo e assimilava as respostas. Fazia exatamente o que eu mesmo fizera. No auge do *JT*, começo dos anos 1970, com dezenas de páginas para fechar, eu diagramava, freneticamente, uma página atrás da outra, e nem me lembrava de que, havia pouco tempo, não tinha a menor ideia do que fosse um diagrama, nem um lápis dermatográfico, para marcar fotos. Aprendi na mesa do diretor de Redação, Murilo Felisberto, assimilando seu desenho gráfico genial (o adjetivo é gasto, mas só ele define o talento da Rainha – como chamávamos o Murilinho, mais ou menos carinhosamente).

Na época, sempre havia mais páginas – resultado de uma enxurrada de anúncios – do que gente para enchê-las. Acontecia um boom na economia e começávamos a perder pessoal para outras publicações e agências de publicidade. Assim, os focas do *JT* tinham pouquíssimo tempo para revelar suas potencialidades – e lembro que Odir se aproveitou disso com astúcia. Foi pra rua ainda aprendiz – e não há melhor escola do que essa.

Costumávamos "batizar" meninas e meninos, inventando situações fictícias, bastante criativas, para constrangê-los, sob pretexto de torná-los mais espertos, ou talvez fôssemos sádicos mesmo – mas agora já passou. De qualquer forma, jornalista não pode ser ingênuo, acreditar no que dizem, tem de duvidar o tempo todo. Odir, garoto humilde, não precisou dessas lições extracurriculares. Pelo menos não lembro – ou ele não contou neste livro. O bullying era especialmente perverso para aqueles meio metidos. Posso garantir que esses batismos funcionavam como santos remédios para a maioria.

A humildade de Odir Cunha, tão apregoada por mim – e por ele –, merece mais algumas ponderações, para que não seja levada à categoria de sacerdócio. Não diria que fosse uma humildade de resultados, mas Odir não era exatamente um São Francisco das redações. Ele queria aprender e quem quer aprender não perde tempo. E cultiva a ousadia. No dia a dia de um jornal não é muito inteligente reagir a ordens, inventar histórias, dissimular. É prejuízo industrial e, sobretudo, pessoal. Lembro-me de um foca que matou a mãe duas vezes e, claro, não vingou. O trabalho é muito, muito duro, e se você não sentir prazer de fazê-lo, melhor partir pra outra. Havia outro foca, logo no começo do *JT*, que se emocionava às lágrimas com o sofrimento dos vietnamitas na guerra. Tudo bem, muito tocante, mas ele não se adaptaria a um espaço em que a dor, a maldade e a injustiça são personagens renitentes. Virou vendedor de carros usados e ficou rico.

Acredito que este texto apresente, com a síntese possível, o Odir Cunha real, pois um jornalista progride na profissão, envelhece e se aposenta, mas mantém sua personalidade de foca, seu entusiasmo dos tempos em que reportava buracos de rua e atropelamentos; visitava plantões policiais; entrevistava loucos e homicidas no meio do povo; cochilava nos dias de plantão por causa de grandes tragédias, desastres naturais, mortes de celebridades.

O grande jornalista sempre foi um foca diversificado. Cometeu grandes erros, e ainda bem, porque o erro nessa profissão tem grandiloquência; as pequenas gafes ficam para os ociosos e desistentes. O *Jornal da Tarde* foi feito de grandes ousadias, algumas próximas do atrevimento. Mantinha-se, então, a essência do que havia dado certo e esquecia-se o resto. Recordo--me de um título sobre Tchaikovsky que era uma pauta musical. Os leitores adoraram.

Odir saiu pronto daquela redação. Virou copidesque, editor, depois radialista. Chefe, supervisor, diretor. Fez revista, televisão, assessoria. Ele, que vivia atrás dos grandes titulistas, concebeu pérolas como o título de uma matéria sobre as finanças heterodoxas do técnico Vanderlei Luxemburgo:

**Luxemburgo
e mais um título.
Protestado.**

Então, esse jornalista sênior, que para mim ainda é um menino, dá, agora, suas lições aos novos focas, usando seu velho estilo, de luminosa simplicidade, frases leves em que emprega "sujeito, verbo e predicado", como eram definidos os textos comunicativos, antigamente. Odir escreve direto, reto, objetivo, olhando para a frente.

Este livro vai ajudar garotas e garotos que escolheram uma profissão complicada, porém fascinante, cada vez mais complexa em função das novas formas, ou mídias, mas no qual o talento sempre fez e fará a diferença.

E esse talento específico, essa fome de notícias, como Odir Cunha deixa muito claro aqui, é aptidão constitucional, atávica, você nasce com ela. Mas, se não souber como desenvolvê-la, será apenas mais um velhinho doce contando aos netos que o sonho de sua vida era fazer jornalismo.

*Fernando Portela*

# Apresentação
## Atalhos na carreira

REUNI NESTAS 60 HISTÓRIAS as lições mais importantes que aprendi e utilizei em minha profissão até meados de 2016.

Assim como sempre apreciei aprender com os mais experientes, espero que este livro encontre terreno fértil em estudantes e até mesmo em jornalistas profissionais interessados em trilhar alguns atalhos na carreira.

O fato de não ter permanecido muitos anos em uma mesma empresa e de não ter me dedicado à mesma tarefa jornalística acabou por me dar, acredito, uma vivência enriquecedora em várias mídias: do jornal diário às revistas, às rádios, às tevês e à internet, sem contar os livros, para mim também uma forma de fazer jornalismo.

Enfim, por mais que você conheça dessa profissão fundamental a todas as sociedades livres, acredito que aprenderá algo mais lendo as páginas desta obra que a Summus me envaidece ao publicar.

Boa leitura!

*O autor*

# 1 Humildade

QUALIDADE ESSENCIAL PARA APRENDER COM OS OUTROS;
PARA SER EDUCADO ATÉ COM OS ARROGANTES E PARA SE COLOCAR NO
LUGAR DE UM MERO INSTRUMENTO ENTRE A NOTÍCIA E O PÚBLICO.

## OS COPIDESQUES DO *JORNAL DA TARDE*

EM MEUS CURSOS surpreendo muitos alunos ao afirmar que a primeira qualidade de um jornalista é a humildade. Talvez esperassem algo mais sofisticado, como talento, criatividade ou cultura. É evidente que essas qualidades são importantes, mas, sem a consciência das próprias limitações e a vontade de trabalhar, humildemente, para superá-las, não se chega a lugar nenhum na profissão.

A partir do momento em que ficou claro para mim que eu não deveria me irritar com aqueles sujeitos com ar de superior que mexiam em meu texto, mas sim aprender com eles, tudo ficou bem menos complicado. Entregava as laudas e permanecia ao lado dos cópis, vendo onde e por que alteravam o que eu tinha escrito. Até hoje não conheço meio mais rápido e eficiente de melhorar o texto.

O time de cópis do Esporte do *Jornal da Tarde* era muito bom, com Zuba, Nélio Lima, Moacir Japiassu, mas os dois com os quais consegui um canal franco de comunicação, além de uma boa amizade, foram o Pedro Autran Ribeiro e o Jéthero Cardoso. Ambos permitiam que, enquanto meu ônibus não chegasse, eu ficasse ao lado de suas máquinas, vendo por que rabiscavam minhas matérias.

Percebi que jornalistas mais experientes evitavam passar por aquela situação, para eles, provavelmente, constrangedora. Às vezes não era fácil mesmo ver a oração que lapidamos com tanto carinho, e por tanto tempo, riscada sem cerimônia e trocada por outra menor e mais ágil. Bem, mas o resultado, ao menos nas mãos do Pedrinho e do Jéthero, era sempre melhor do que o texto original.

Se eu já respeitava muito o ofício deles, tive um melhor entendimento do que era ser cópi alguns anos depois, quando trabalhei nessa função na mesma editoria de Esportes do *JT*. Na verdade, não era tão difícil quanto parecia, pois enquanto um repórter escolhe um caminho para o texto entre milhões de variáveis o cópi só precisa solucionar o problema daquele universo restrito de palavras e informações colocadas no papel pelo repórter.

Logo entendi, também, que o bom trabalho do cópi não desmerece o do repórter. Ao contrário, ambos se complementam. O repórter propõe a linha do texto e seu encaminhamento, enquanto o redator apara as arestas, corrige as imperfeições e tenta ligar e harmonizar tudo. Quando os dois se entendem, o resultado final é bem interessante.

Creio que poucas vezes tenha discordado de alguma alteração feita pelos cópis do Esporte. Curiosamente, uma das raras oportunidades em que me revoltei com as indefectíveis mexidas em meu texto ocorreu na Geral, quando uma redatora, entre outras intervenções equivocadas, mudou para "barranco" a legenda de uma foto que mostrava uma valeta, mesmo termo, aliás, que eu já tinha usado na matéria. A foto podia até parecer um barranco, mas nesse caso o cópi, ou redator, tem de acreditar no repórter, aquele que vai à rua e traz a notícia. Em caso de dúvida, que acionasse o meu bip, aparelhinho eletrônico que às vezes me fazia descer do ônibus e procurar um orelhão para descobrir qual era o problema.

No geral, porém, minha dócil subordinação às suas orientações e meu esforço para seguir seus conselhos criaram um ambiente propício entre mim e esses profissionais e essa camaradagem contribuiu para o meu crescimento. Se eu ia embora mais cedo, sem ver como tinham mexido em meu texto, guardavam as dicas

Lições de jornalismo

para me dar no dia seguinte. E, quando passei a escrever melhor, foram os primeiros a perceber e comemorar minha evolução.

Durante a intensa cobertura dos Jogos Pan-Americanos de Porto Rico (1979), por exemplo, quando por duas semanas o repórter Castilho de Andrade e eu os entulhamos diariamente com matérias, previstas na pauta ou não, sobre eventos e personagens dos mais variados esportes, desvencilharam-se daquele calhamaço de telexes da melhor maneira, contribuindo decisivamente para o nosso Prêmio Esso de Informação Esportiva.

É evidente, porém, que as aulas não terminaram ali. Até hoje continuo aprendendo com os redatores, revisores e editores que mexem em meu texto. Nem sempre concordo, mas sempre aprendo.

## JOHNNY BLACK, UM ANJO EXCELSIOR

Minha primeira experiência com Johnny Black não foi nada boa. Era um sábado quente de 1981 e eu produziria meu primeiro especial na Rádio Excelsior. Cheguei cedo para editar o programa sobre o título mundial de Nelson Piquet na Fórmula 1, mas o sonoplasta não estava no estúdio. Seus colegas pediram para que eu o procurasse nos bares da rua das Palmeiras. Achei o homem, mais pra lá do que pra cá, e o lembrei do nosso trabalho. No estúdio, sonolento, levou um tempão para fazer as coisas mais simples e não deu espaço para as deixas dos comerciais. Jurei que nunca mais trabalharia com aquele sujeito.

Firmei-me na equipe, e em 1982, quando produzia o "Partido do Esporte", primeiro programa a falar apenas de esportes amadores, fui surpreendido com o convite de Osmar Santos para produzir também o "Balancê", programa de variedades que era o carro-chefe da Excelsior e a menina dos olhos do próprio Osmar.

Com participação de artistas, jogadores de futebol, políticos, enfim, de todos os que tinham "algo importante para dizer", além das imitações e do humor ousado, para a época, de Carlos

Roberto Escova e Nelson Tatá Alexandre, o "Balancê" era uma salada de improvisações do meio-dia às duas que tinha se tornado cult e já somava dois prêmios da Associação Paulista dos Críticos de Arte.

Nos primeiros dias, quis seguir as sugestões de pauta do Osmar, mas, depois de horas ligando para Brasília a fim de colocar o ministro do planejamento Delfim Neto no ar para um bate-papo modorrento, perguntei a mim mesmo quem estaria ouvindo aquilo e decidi dar mais espaço às atrações musicais agendadas por Lucimara Parisi, ex-secretária do Osmar, que estreava na equipe como produtora artística.

Dos ídolos do brega às novas bandas do rock brasileiro, músicos em geral passaram a ser convidados para o "Balancê", ao mesmo tempo que grupos teatrais eram estimulados a representar "trechinhos" de suas peças. A participação dos repórteres de futebol, antes interminável, foi severamente reduzida. O programa estava redondo e a audiência aumentava, mas faltava alguma coisa...

Antes de dizer o que faltava, é preciso apresentar o sonoplasta do "Balancê": João Antonio de Souza, o popular Johnny Black. Sim, aquele mesmo que acabou com o meu primeiro programa especial, agora numa agilidade alucinante descobria em segundos um fundo musical para cada assunto e dava o ritmo do programa.

Mais para baixo, negro, magro, calçando sandálias e vestindo indefectíveis calças jeans e camisetas surradas, Johnny Black era um sujeito bem comum. Quando se sentava à mesa de som, entretanto, transformava-se em um artista frenético, irreverente, apaixonado por suas descobertas e pelos efeitos que elas provocavam nas pessoas.

Após o programa, às vezes ele me acompanhava à padaria, onde me induzia a pedir uma cerveja. O papo valia a pena. Sonoplasta de Hélio Ribeiro, o grande locutor do rádio paulista no início dos anos 1970, Johnny tinha muitas histórias – e lições – para dar.

Um dia, convenceu-me de que o "Balancê" deveria ter auditório, como no rádio antigo. Aqueles números musicais, o humor e a irreverência cairiam como uma luva, dizia ele. Enfatizei a ideia para o Edison Scatamacchia, chefe da equipe de produção, que por sua vez insistiu com o Osmar, e, finalmente, resolveram fazer o programa com auditório. Dividido entre a rádio e a TV Globo, Osmar passou a apresentação do "Balancê" para o repórter Fausto Silva, que, ao saber da novidade, esbravejou:

— Vocês estão loucos? Pensam que rádio é teatro?

Bem, essa mistura de rádio e teatro passou a ser apresentada, diariamente, na Palhaçaria Pimpão, na rua Apa, pertinho da rádio. Sucesso que atraía de intelectuais a peões do metrô que comiam suas marmitas no auditório, o "Balancê" ganhou mais dois prêmios da APCA, em 1983 e 1984. Um dia, Goulart de Andrade o levou para a TV Gazeta; de lá, passou por Bandeirantes e Record, até chegar à Globo, onde virou "Domingão do Faustão". Johnny Black já morreu, pobre de dinheiro e rico de ideias e generosidade.

## O PORTEIRO COMENTARISTA

Com a carteirinha da Associação dos Cronistas Esportivos em punho, eu tentava provar para um senhor desconhecido e um tanto embriagado, em um bar qualquer do Bexiga, que não era um beócio em futebol como ele imaginava. A visão do meu documento, porém, ao invés de provocar alguma reverência no meu interlocutor, causou-lhe tamanha revolta que, diante de sua crescente ferocidade, decidi terminar o cafezinho em um gole e desaparecer dali.

Naturalmente o tempo me mostrou que não são carteirinhas, nem diplomas, nem nenhum tipo de documento que nos tornam especialistas em alguma coisa, ou melhor, que nos dão a propriedade de ter a opinião definitiva sobre determinado assunto, principalmente quando esse assunto é de amplo domínio público, como o futebol.

Já vinha notando há muito tempo, bem antes da interação promovida pela internet, que dá a todos a oportunidade de opinar sobre os textos jornalísticos, e às vezes com mais precisão e bom senso do que os próprios, que muitos torcedores de futebol conhecem mais o esporte do que nós, que trabalhamos com ele.

Quantas vezes, após dar notas aos jogadores de uma partida, nas coberturas pelo *Jornal da Tarde*, não ficava em dúvida se tinha mesmo sido justo. Como avaliar, com precisão, o desempenho dos 22 jogadores, mais os que entram no decorrer da partida? Como analisar, sem margem de erro, as estratégias dos técnicos? Não teria apenas me baseado no resultado final do jogo para escrever algo coerente sobre ele?

Enfim, já estava convencido de minha mediocridade como especialista de futebol quando assumi a coordenação da equipe de esportes da Rede Boa Vontade de Rádio e, além de apresentar um programa diário, também atuava como comentarista. Nessa época, ao visitar meus filhos adolescentes, que moravam com minha ex-mulher, tinha o hábito de conversar com o porteiro enquanto os esperava, e o assunto, invariavelmente, pendia para o futebol.

Fiquei impressionado com o conhecimento que o rapaz demonstrava. Bem informado, sabia nomes de titulares e reservas de todos os times grandes de São Paulo e gostava de analisar e prever resultados. Passei a prestar mais atenção ao que ele dizia a partir do momento em que notei que suas previsões raramente falhavam.

Comentei com um amigo da rádio sobre o PhD de futebol que trabalhava como porteiro de prédio, mas ele, sem demonstrar surpresa, explicou-me por que aquilo era perfeitamente normal:

— Ele fica o dia todo na guarita, deve ouvir as transmissões de futebol, ler os jornais, enfim, tem um tempo para se dedicar a isso que nós não temos.

Realmente. Nós, que vivíamos disso, mal tínhamos uma hora por dia para acompanhar o noticiário esportivo, enquanto o porteiro, como milhares de outros porteiros, taxistas, aposentados e muitos mais por esse Brasil afora, podia dedicar várias horas por dia à doce tarefa de se aprofundar no esporte mais popular do país.

Na vez seguinte que me encontrei com o expert, perguntei-lhe como fazia para acompanhar o futebol tão de perto. Ele explicou que, diariamente, lia um jornal esportivo. Não era assinante, pois morava nos cafundós e em seu bairro não entregavam jornais ou revistas, então tomava o ônibus e ia comprá-lo, logo cedo, na banca de um bairro próximo. Fiz as contas e imaginei quanto aquele hobby apaixonado deveria pesar em seu magro salário.

Em uma quarta-feira, ele havia me preparado uma análise completa do jogo principal daquela rodada que, coincidentemente, eu comentaria, no Pacaembu. Guardei suas informações principais e horas depois, ao ser apresentado para falar sobre a partida, avisei que não daria a minha opinião, mas, em homenagem aos nossos ouvintes, tão conhecedores do esporte quanto nós, reproduziria os comentários de um rapaz que trabalhava como porteiro, mas era o maior especialista de futebol que eu havia conhecido.

Meus filhos se mudaram daquele prédio e nunca mais vi o João Saldanha da guarita. Espero que tenha se dedicado com o mesmo afinco ao jornalismo e hoje esteja trabalhando com o assunto que tanto ama.

## REPÓRTER FALA COM TODO MUNDO

REPÓRTER EXCELENTE, VITAL BATAGLIA se tornou um editor inflexível. Um dia, após receber a pauta, eu ia saindo para almoçar, no restaurante um andar acima da redação do *Jornal da Tarde*, quando ele me impediu, dizendo que primeiro eu teria de fazer a matéria. Diante de meu protesto, já que ainda estávamos a seis horas do fechamento, sentenciou:

— Repórter não tem horário de almoço!

Era como o sargentão ordenando ao recruta indisciplinado que fizesse 100 abdominais. Bem, pelo que me lembro, fiz os abdominais, ou melhor, não fui almoçar, mas depois de uns 15 minutos ele me liberou. Não fiquei com nenhuma mágoa. Ele lembrava o jeito autoritário do meu pai, que eu havia perdido havia dez anos. Creio que o "Batalhinha", como os mais antigos o chamavam, tinha um bom coração. Apenas queria impor, principalmente aos mais jovens, a mesma têmpera que o caracterizou e o tornou um jornalista tão bem-sucedido.

De uma época em que o bom repórter era olhado como aquele que queria se meter onde não era chamado, sabia que Bataglia tinha passado por alguns apuros e, como editor, queria apenas nos preparar para os obstáculos que certamente nos esperavam. Era como se quisesse demonstrar, com a voz alta e italianada e os gestos rudes, que aquela redação moderna, ampla e confortável não representava o universo verdadeiro da nossa profissão; era apenas um oásis, uma calmaria antes das tormentas que viriam.

Talvez algumas vezes exagerasse no rigor, como no caso do almoço que tive de adiar, mas eu sempre procurava enxergar alguma lógica por trás de suas atitudes, e quase sempre a encontrava. Na verdade, eu também tinha um pouco daquela sinceridade ofensiva, imprescindível para fazer as perguntas que precisam ser feitas, mas que atrapalha um pouco o relacionamento com os entrevistados.

Mesmo com poucos meses no Esporte, eu já tinha tido uma pequena rusga com um personagem importante do futebol. Após o seu Corinthians perder para o Palmeiras por 4 a 2, o técnico Oswaldo Brandão foi bem grosso comigo no vestiário. Já tinham me dito que isso poderia acontecer, que alguns técnicos e jogadores não costumam respeitar repórteres novatos, com quem não tenham laços e histórias de camaradagem. Por isso, tomei cuidados. Postei-me pacientemente ao seu lado, enquanto Brandão dava prioridade aos repórteres de rádio e tevê. Quando finalmente chegou minha vez, ele estrilou, dizendo que eu já tinha ouvido tudo que ele dissera antes. Tentei argumentar que minha pergunta era diferente, mas ele não quis ouvir e aumentou o tom de voz, colocando-me em situação delicada em um vestiário que já estava mal-humorado pela derrota.

Na oportunidade seguinte em que o entrevistei, tudo ia bem até que no final Brandão arrumou novamente um motivo para discordar de mim, quase aos berros, colocando-me novamente contra a parede. Após essas duas experiências, era natural que eu sentisse certo desconforto diante de um sujeito tão desequilibrado e não apreciasse ouvi-lo.

Por isso, quando saiu a pauta e vi que deveria cobrir o time do Parque São Jorge, do meu lugar pedi que me colocassem em outro clube, pois não gostava de falar com o técnico corintiano. Sorrindo com alguém da mesa de edição, Vital Bataglia fechou a cara no mesmo instante em que me ouviu e gritou que "jornalista tem de falar com todo mundo".

Nada mais disse, e nem precisou, pois eu logo percebi a bobagem. O que será dos leitores e da busca da notícia verdadeira no dia em que os repórteres resolverem entrevistar apenas quem eles apreciam? O entrevistado pode até se recusar a falar, mas o repórter não tem esse direito. Sua missão é suportar as frustrações e voltar para o jornal com a informação precisa.

Fui, mas com outro espírito, e consegui conversar com Brandão não só naquele dia como em muitos outros. Meses depois, cheguei até a fazer uma boa matéria com ele, quando dirigia a Portuguesa. Com o tempo, aprendi a ouvi-lo, pacientemente, e extrair dos seus quase monólogos as informações que eu queria.

## REPÓRTER ARROGANTE TEM VIDA CURTA

SEM HUMILDADE, UM REPÓRTER não vai longe na profissão. Não me refiro apenas à natural aceitação dos conselhos dos jornalistas mais experientes, ou à consciência de que o importante é o entrevistado, mas também à forma como esse repórter se relaciona com os membros de sua equipe. Tanto nas coberturas para a imprensa escrita, na qual se depende do motorista e do fotógrafo, como naquelas para rádio e tevê, em que a equipe técnica é bem maior, a harmonia do time é imprescindível para um bom resultado final.

Hierarquicamente, o jornalista deve assumir a liderança da equipe de reportagem, pois ele tem a pauta, os contatos, os horários marcados; porém, em alguns casos, mesmo quando mais experiente e seguro, precisa abrir mão desse poder para ouvir a equipe e encontrar um meio mais eficiente de realizar a matéria.

Costumo dizer que, órfão de pai aos 16 anos, aprendi muito da vida com os livros e, agradecido, passei a me dedicar a eles. É uma verdade, mas não completa. É evidente que a maior parte das instruções que moldaram meu caráter veio do trato com as pessoas. Como jornalista, além dos fotógrafos, meus mestres foram os implacáveis motoristas.

Bastaram uma ou duas vezes ter saído para uma matéria sem o endereço exato, o horário preciso e o nome completo do entrevistado para levar uma bronca que me deixou sem palavras. Não dava nem para alegar que o descuido se devia à pressa, pois o tempo que se perdia depois para checar as informações – em orelhões, pois não havia telefone celular – consumia todos os minutos ganhos com a correria inicial.

Aprendi, então, a sair para as matérias com tudo anotadinho, às vezes até com as informações de como chegar ao local. No *Jornal da Tarde*, era o repórter que, assim que recebia a pauta, passava na fotografia para pedir o fotógrafo e no tráfego para requisitar o motorista. Tínhamos de ser organizados – do contrário, a reportagem já começaria errada.

Ao facilitar o trabalho deles, melhorei muito minha relação com os motoristas. Já não chiavam se tinham de esticar a corrida para outro local ou precisavam me esperar um pouco mais.

Lições de jornalismo

Alcancei uma relação de franca camaradagem com alguns deles, principalmente nas viagens, em que o convívio é maior. Aos poucos, também fui descobrindo que podiam ser bons aliados nas reportagens.

Uma tarde, cobria um jogo do Internacional de Porto Alegre, pela Taça São Paulo de Futebol Junior, se não me engano no campo do Nacional, na Barra Funda, quando o motorista, com ar de mistério, me chamou de lado. Afastei-me dos colegas de outros jornais e fui ter com ele, que, protegendo a boca com a mão em concha, disse que o Falcão, ídolo do time profissional do Inter, estava assistindo à partida dos juniores em segredo. Olhei na direção em que ele apontou, agradeci e fiquei de ir lá no intervalo do jogo.

Mal o árbitro apitou o final do primeiro tempo, sumi dali em busca daquele que, pouco depois, acabaria contratado pela Roma, time no qual faria história. Mesmo um tanto contrariado por ser descoberto, Falcão conversou comigo, respondeu a todas as perguntas e, antes que o jogo fosse reiniciado, eu já estava de volta ao grupo de repórteres.

— Onde você se meteu? — quis saber o Gererê, do *Diário Popular*. Chiquinho Leite Moreira, do *Estadão*, e outros só me olharam, desconfiados. Eu não podia falar. Nossa pauta, ali, era cobrir a partida de juniores – o que fosse conseguido a mais dependeria do repórter (e, no caso, de seu motorista).

No dia seguinte, o único jornal não só a noticiar a presença de Falcão em São Paulo, mas também a entrevistá-lo, foi o *JT*. Pena eu não lembrar agora o nome do motorista, pois é evidente que o mérito maior pelo furo pertenceu a ele. Sua perspicácia, conhecimento do futebol e generosidade me propiciaram uma entrevista curta, mas importante, que me fez galgar alguns degraus na busca de ser considerado um pouco menos foca. O simpático amigo Gererê não ligou para a minha pequena traição e até me elogiou pela esperteza. Outros colegas, porém, jamais me perdoaram.

ODIR CUNHA

## MADRE TERESA DE CALÇAS

PELA CARACTERÍSTICA DA PROFISSÃO, que valoriza os mais comunicativos e diretos, o jornalismo apresenta uma incidência maior de chefes falantes, decididos, que dão ordens em voz alta e nem sempre estão preocupados com a etiqueta. Os tipos menos polidos costumam ser encontrados nas produções de tevê, mas o rádio, onde também se vive correndo atrás do tempo, tem os seus espécimes.

Se já sou do tipo que tem dificuldades em ambientes hostis, imagine se houvesse um sujeito gritando na minha orelha quando comecei, timidamente, no Sistema Globo/Excelsior de Rádio. Acostumado a me expressar mais com palavras escritas do que faladas, sentia um aperto no peito e um nó na garganta sempre que tinha de ouvir minha própria e gaguejante voz no microfone, que lá chamavam de "latinha", dando a escala de árbitros da rodada.

Um chefe mais exigente teria me dado umas belas broncas, ou me mandado embora logo nos primeiros dias, mas tínhamos a sorte de ter no comando da equipe um sujeito que falava baixo, ouvia o que a gente dizia e ainda olhava em nossos olhos, como um humílimo recém-chegado de um monastério. Assim era o Edison Scatamacchia.

Convidado por Osmar Santos, o cordato "Scata" abandonou o Esporte do *Jornal da Tarde* e em 1980 assumiu a equipe da Globo/Excelsior, inovando ao trazer jornalistas de texto para atuar não só na produção dos programas, mas também na reportagem. Entre repórteres, narradores, comentaristas, produtores e humoristas, a equipe esportiva tinha mais de 20 pessoas, todas comandadas, com doçura, pela Madre Teresa de Calças.

Não faltavam problemas, a começar pela confecção da escala de trabalho, que nunca agradava a todos. E, após a jornada, qualquer que fosse o horário, invariavelmente alguém ligaria para a casa do Scata para lavar roupa suja. Dizem que ele atendia a todos e só conseguia dormir de madrugada. Parece que tinha se obrigado a desatar todos os nós, o que, diante das circunstâncias, parecia impossível.

LIÇÕES DE JORNALISMO

Creio que, com sua atenção e gentileza, ele fez que nos sentíssemos melhores do que realmente éramos. Não que não prestasse atenção às nossas falhas e nos alertasse sobre elas, mas, ao invés de destacar os defeitos, enfatizava as qualidades, minimizando as críticas para se concentrar nos elogios. E assim, em um comportamento que eu considerava inusitado para um coordenador de equipe, agia como o mais humilde de todos nós, o que nos transmitia segurança e tranquilidade.

Estreei como setorista da Federação Paulista de Futebol, tentando impostar a voz para anunciar a escala de árbitros da rodada. Deve ter saído uma porcaria, mas o Scata me elogiava, dizendo que eu tinha a voz certa para a função. Em outra oportunidade, fui tomado por uma timidez profunda e gaguejei feio em uma entrevista coletiva, mas ele só pediu para o pessoal da técnica editar o áudio e nem comentou nada.

Talvez por já me conhecer do *Jornal da Tarde*, onde chegamos a trabalhar três anos na mesma equipe, ele via em mim qualidades das quais eu ainda duvidava. Na verdade, o Scata parecia perceber o que cada um tinha de melhor e trabalhava, pacientemente, para que esse lado prevalecesse.

Mesmo quando ficava claro que o meu lugar não era mesmo ali, e eu deveria pegar o meu boné e me contentar com o trabalho no jornal *O Globo* e na revista *Play Tennis News*, Scata insistiu comigo. Conseguiu meia hora à tarde, na Rádio Excelsior, e criou o programa "Partido do Esporte", o primeiro do rádio brasileiro a falar exclusivamente dos chamados esportes amadores. Na equipe inicial, apenas eu, o locutor Braga Junior e o auxiliar de produção César Pereira.

Às vezes, o desejo de não decepcionar alguém é maior até do que o de agradar a si mesmo. Nossos horários não batiam e eu podia passar dias sem vê-lo, mas sabia que o Scata ouvia o programa diariamente. Volta e meia o Braga e eu criávamos alguma coisa nova e ele ligava para dizer se tinha gostado ou não. No final das contas, o programa cresceu, se consolidou, e o mais humilde dos chefes conseguiu fazer de mim um motivado homem de rádio.

# 2 Respeito

REVERÊNCIA AOS CONSELHOS DOS MAIS TARIMBADOS
E ADAPTAÇÃO ÀS REGRAS E AOS VALORES DO VEÍCULO EM QUE SE TRABALHA
SÃO IMPRESCINDÍVEIS PARA SE DAR BEM NA PROFISSÃO.

## QUE ESTILO SEGUIR?

O CHEFE DE REPORTAGEM foi bem claro: nós tínhamos passado nos testes para um período de experiência na Editoria Geral do *Jornal da Tarde*, mas não havia vaga para todos. Só os melhores ficariam.

Já era um sonho para mim estar ali, nunca imaginei que poderia começar a carreira no *JT*. Porém, já que tinha aquela oportunidade, não desistiria dela facilmente. Trataria de merecer um lugar naquele time de cobras.

O jornal valorizava muito o texto. Percebi que esse seria o diferencial que separaria os focas que seguiriam carreira no *Jornal da Tarde* e os que iriam embora. Fui um bom autor de redações no ginásio, tive alguma experiência no jornal da escola e no do bairro, mas em um impresso diário tudo é bem diferente. O ritmo é intenso; os temas, relevantes; o tempo, curto – e, mesmo assim, o resultado final tem de ser bom. Exigem-se esperteza, bom gosto, ao menos um resquício de talento e certa maturidade que estávamos longe de possuir.

Tinha por mim que o *Jornal da Tarde*, pioneiro ao inovar na linguagem gráfica e na irreverência do texto, não contrataria um repórter que produzisse matérias pasteurizadas, sem alma, beleza e emoção. Por isso, apesar das minhas profundas limitações, eu sabia que teria de transmitir alguma esperança de que valeria a pena confiar em mim.

Era preciso aprender, e rápido. Enquanto eu não tinha pauta, ficava treinando datilografia – "a, s, d, f, g", ou "mas que nada, sai da minha frente que eu quero passar, hoje o samba está animado..." – e observando os jornalistas mais velhos. Sempre que davam brecha, eu puxava papo, perguntava alguma coisa, mas nem todos tinham paciência com os focas.

Um deles me perguntou se na faculdade em que eu estudava ao menos ensinavam a colocar a lauda na máquina. Isso porque ele não sabia tabular as novas máquinas da redação, e, para evitar pedir um favor a um "jornalista de faculdade", dava um esculacho antes. Outro veterano, quando eu quis uma ideia de lide para minha primeira matéria especial, aconselhou-me a falar com o contínuo, pois, segundo ele, o rapaz escrevia melhor do que eu.

Talvez um jovem mais sensível tivesse ficado incomodado com tais atitudes, mas fui criado jogando futebol na periferia, entrando em divididas, batendo e apanhando. Não me incomodei mesmo. Ao contrário, busquei aprender com eles, mesmo com esses dois que detestavam focas. Só que aprendi com seus textos.

Fiz uma pasta para cada um dos mais festejados repórteres da Geral. Levava o jornal do dia para casa e lá recortava e separava as matérias. Além de avaliar a qualidade de apuração e o texto de cada um deles, essa análise me ajudava a escolher um estilo a ser seguido. Como eu ainda não tinha um, reparava nas características dos textos e perguntava a mim mesmo qual deles eu gostaria de ter.

Lembro-me de que Randal Marques, um dos repórteres pioneiros sobre ecologia, usava parágrafos imensos, o que me fez descartá-lo imediatamente. Júlio Moreno também apreciava textos massudos. Havia o jeito romanceado de Marcos Faerman contar casos policiais, misturando fatos reais com elementos de literatura. Quase todos na Editoria gostavam do texto do Marcão. Também gostei, mas achei sangrento demais. Decidi que seguiria aquela receita, carregando nas descrições e nos diálogos, mas com menos ketchup.

Como escrevia poesia desde os 14 anos, e estava com 24, ao menos alguma noção de ritmo eu tinha, e isso me ajudou na harmonia dos textos, principalmente naqueles com enfoque mais humano. Lembro que comecei a ter algumas matérias elogiadas: Museu da Casa Brasileira; assassinato do senhor Passos, dono do restaurante Tabu, no Centro de São Paulo; acidente de ônibus que matou o motorista e um passageiro...

Após seis meses de algumas boas matérias, lições diárias e uma evolução que podia não ser das mais rápidas, mas era constante, percebi que seria um dos escolhidos. Um dia, avisaram-me que eu passaria a ser repórter da Editoria de Esportes, justamente a minha preferida. Só naquele momento me senti repórter do *Jornal da Tarde*.

## UM CONSELHO VITAL

Na busca de informações que me ajudassem a aprimorar meu texto, comprei até um caderno de redação produzido pelo MEC e vendido na Galeria Prestes Maia. Nele, descobri uma elogiada matéria sobre os nomes preferidos dos brasileiros, assinada pela repórter carioca Sheila Lobato, minha colega da Geral do *Jornal da Tarde*. Tive o prazer de dar-lhe a notícia no dia em que sentamos, lado a lado, no ônibus fretado que saía do antigo prédio do jornal, na Major Quedinho, e seguia para o prédio novo, no Bairro do Limão.

Surpresa e agradecida, Sheila, já com alguns anos de experiência na profissão, quis saber como eu estava indo na Editoria de Esportes. Respondi um "mais ou menos" desanimador. Disse que ao contrário da Geral, em que cheguei a fazer matérias de duas páginas, agora só me davam pautas de 20, 40 linhas, e de matérias sem importância.

Na verdade, estávamos muito mal-acostumados com o espaço generoso que o *Jornal da Tarde* dedicava às reportagens. Em qualquer outro diário, textos de 20 a 40 linhas seriam o padrão. De qualquer forma, talvez pelo efêmero sucesso que consegui com algumas matérias na Geral, imaginei que no Esporte teria assuntos e espaços relevantes.

Minha colega ouviu, pacientemente, as queixas de que às vezes eu era obrigado a escrever meras 20 linhas sobre um treino da Portuguesa, ou do Juventus – o que, para mim, era sinal de pouco prestígio.

— Odir — principiou ela —, não é o tamanho de uma matéria que a torna boa ou não. Há textos imensos e ruins e outros curtos muito bons. O assunto também não é tão relevante. Faça o melhor que puder, qualquer que seja a pauta. Se lhe derem 20 linhas do treino do Juventus, procure fazer as melhores 20 linhas já escritas sobre um treino do Juventus.

Aquelas palavras derrubaram os muros do labirinto no qual minha imaturidade havia me metido. De repente, passei a enxergar a situação com clareza. Abatido, eu apenas cumpria minha tarefa e tratava de ir embora, ou seja, não estava fazendo jus a pautas melhores. Porém, se não realizasse um bom trabalho, qualquer que fosse o assunto, certamente receberia pautas cada vez menos importantes, até me tornar descartável.

Decidi que seguiria o conselho da Sheila nos dias seguintes. Uma quarta-feira, fui escalado para cobrir um jogo noturno entre dois times pequenos, em Jundiaí. O Paulista local enfrentaria outro time do interior e ambos corriam risco de rebaixamento no Campeonato Paulista. Eu deveria ditar 20 linhas, por telefone, para o pessoal da escuta.

Fui ao arquivo e pesquisei a história dos dois times. Segui para Jundiaí com um fio condutor em mente. O jogo foi horrível, quase sem jogadas de gol, e terminou 0 a 0. Gastei só um parágrafo para descrever a partida. Usei o resto do espaço para falar do medo do rebaixamento que pairou sobre o estádio Jaime Cintra o tempo todo, e para lembrar um pouco a história dos dois times, o bem mais precioso que estava em jogo naquele confronto.

No dia seguinte, com surpresa, vi que a matéria estava assinada. Não era comum o *JT* assinar matéria tão pequena. Ainda lambia a cria, com o peito aquecido de felicidade, quando senti umas palmadinhas nas costas. Era o editor de esportes, Vital Bataglia, o jornalista mais premiado da redação, indo para a reunião com os outros editores.

— Escreva sempre assim, garoto — disse ele.

A partir daquele momento, decidi que toda pauta seria uma grande pauta. O exigente Bataglia recompensaria esses esforços me escolhendo, meses depois, para cobrir os Jogos Pan-Americanos de Porto Rico. Finalmente eu era um jornalista sem volta.

Já falei sobre esse conselho de Sheila Lobato em vários cursos de redação. Ele veio na hora certa e me tornou um jornalista melhor, sem dúvida. O curioso é que nunca fui muito próximo da Sheila e não me lembro de conversar com ela nenhuma outra vez depois desse encontro. Foi como se um anjo caísse do céu, falasse comigo e depois sumisse da minha vida. Meu mérito, se houve, foi o de estar sempre aberto aos conselhos dos anjos.

## OBEDEÇA ÀS LEIS

UM TECLADO OU UM microfone passa uma extraordinária sensação de poder a quem o maneja. É como se fosse possível, por meio deles, transformar a sociedade, premiando os virtuosos e punindo os corruptos; como se o fato de ser jornalista, ou estar exercendo uma função jornalística, desse plena liberdade para falar o que quiser sobre qualquer pessoa. Porém, não é assim que o jornalismo funciona, e um profissional de verdade respeita os limites.

A facilidade de criar blogues e sites trouxe para o mercado da comunicação muita gente boa, mas também atraiu multidões de curiosos e oportunistas que passam a maior parte do tempo tentando destruir reputações. Utilizam-se de fofocas, insinuações e informações maldosas, comprovadas ou não, para atrair acessos e vender seus banners. Não respeitam a ética da profissão e, como não fizeram o curso superior de Jornalismo, nem sabem o que ela significa. De qualquer forma, quem se arvora a ser gente da comunicação precisa ao menos conhecer as leis.

Os três crimes mais infringidos pela mídia são os chamados "contra a honra": calúnia, difamação e injúria. Destes, a calúnia é o mais grave, pois consiste em imputar, falsamente, um crime a alguém. Dizer ou escrever que uma pessoa roubou, por exemplo, sendo que ela não o fez, é calúnia. O artigo 138 do Código Penal prevê detenção de seis meses a dois anos para o infrator, além de multa. Quem espalha a notícia também incorre no mesmo delito.

A difamação, artigo 139, ocorre quando se atribui um fato ofensivo a alguém, mesmo que verdadeiro, com o objetivo de prejudicar sua reputação. Dizer que a pessoa é caloteira ou bêbada, por exemplo, talvez até seja verídico, mas prejudicar a imagem de alguém pode levar o comunicador a responder por difamação, punida com detenção de três meses a um ano e multa.

Por fim, há a injúria, artigo 140 do Código Penal, que é o xingamento, a ofensa à dignidade e ao decoro de alguém. Um curto palavrão, dito ou escrito em um momento de descontrole, pode levar tanto um jornalista profissional como um jovem blogueiro a ser julgados por um crime que resulta em detenção de um a seis meses ou multa.

Mesmo no *Jornal da Tarde*, onde praticávamos a crítica e a rebeldia diariamente, não me lembro de ter testemunhado nenhum caso de processo. Talvez o de Vital Bataglia, corajoso e polêmico repórter e depois editor de Esportes. Eu sofri apenas dois ameaços: de um técnico de pugilismo e de um dirigente do futebol paulista.

Depois, como editor de uma revista de tênis, fui brindado com o meu primeiro "pedido de explicações", que não tem valor legal, sendo apenas uma maneira de os reclamantes tomarem o tempo dos magistrados e tentarem intimidar os formadores de opinião. Recebi outros dois pedidos idênticos, como blogueiro,

LIÇÕES DE JORNALISMO

mas jamais precisei responder a nenhum deles. Só serviram para que eu juntasse mais provas à espera do processo, que nunca veio. Quando faço uma matéria mais crítica, tomo o cuidado de reunir evidências e me cercar de testemunhas. Além do mais, o jornalista tem a prerrogativa de duvidar. Desconfiar não é crime. Um promotor, ou um juiz, não faz perguntas para avaliar se o réu é ou não culpado? Essa atitude, às vezes dura, agressiva, jamais será considerada difamação, mesmo que no final o acusado seja julgado inocente. Da mesma forma, um repórter tem o direito de pesquisar, inquirir e duvidar dos fatos e pronunciamentos, ainda mais em um país tão pouco transparente como o nosso.

Se um dia me processarem, isso terá o seu lado divertido, mas não recomendo a ninguém tentar se projetar na profissão dessa maneira. Um jornalismo essencialmente polêmico torna-se superficial e sem credibilidade. É possível ser crítico, justo, implacável até, sem ultrapassar os limites legais da profissão.

Acima de jornalistas, somos cidadãos, sujeitos às mesmas leis que regem a vida de todos os brasileiros. Nunca podemos perder isso de vista, ou jogaremos por terra a missão divina de vigiar a sociedade e zelar por ela.

## HORÁRIO É SAGRADO

JORNALISTAS TENDEM A SER informais. Ao menos a maioria dos que conheço é assim. Não tão pragmáticos ou organizados como outros profissionais, descuidam-se da aparência, não costumam planejar seu trabalho e preferem a improvisação. Mesmo com um comportamento que às vezes foge do padrão, sabe-se que alguns conseguem ser bem-sucedidos. Há um aspecto, porém, que nenhum jornalista pode negligenciar, sob pena de fracassos retumbantes: o religioso cumprimento dos horários.

Essa regra vale tanto para o relacionamento com os colegas como para as reportagens, sobretudo nas entrevistas previamente agendadas. Não é preciso muito tempo na profissão para perceber que, se alguém pode chegar atrasado a uma entrevista, este é o entrevistado, nunca o entrevistador. Quando o repórter se atrasa, pode não só perder definitivamente a pauta como defrontar com uma pessoa mal-humorada, lacônica, que não proporcionará uma boa matéria.

O ambiente harmônico de uma equipe de trabalho também pode ser comprometido pelo mesmo motivo. Sei muito bem disso, pois já fui o causador desse problema. O carro do jornal, com o fotógrafo a bordo, foi até os confins da zona sul de São Paulo me buscar para uma viagem e eu ainda estava tomando banho, fazendo a barba, tomando café, e demorei uns 20 minutos para sair.

Imagine um fotógrafo lendário do jornalismo diário, como Domício Pinheiro, o saudoso Toc-Toc, esperando um foca se arrumar. Brincadeira! Mas, que me lembre, fiz isso apenas uma vez. Percebi a mancada e, nas viagens seguintes, já ficava pronto bem antes do horário combinado, esperando o carro chegar. Senti na pele que um atraso exagerado pode estragar o clima amistoso de uma equipe, principalmente em um trabalho mais longo, de alguns dias, como era o caso.

Atrasos também costumam impedir que você conquiste boas pautas. Chegar além do horário à redação pode fazer que a melhor pauta do dia, feitinha para você, pare nas mãos de um repórter mais pontual. Isso também já aconteceu comigo.

Conheço muitas histórias de entrevistas e matérias perdidas pela impontualidade do repórter. Hoje, considero a disciplina do horário uma obrigação do jornalista e, por isso, um hábito que deve ser aprendido e preservado. Se você não o tem, não espere ser admoestado para só depois tentar mudar. As consequências de um atraso podem ser drásticas.

Conheci um excelente fotógrafo, lá pelo começo da década de 1980, que conseguiu marcar uma reunião com o diretor de uma agência internacional de imagens sediada em Nova York. Ele levaria cromos – fotos coloridas, em slides – de flores tropicais brasileiras para oferecer à agência, que costumava pagar muito bem por esse material.

Comprou as passagens e lá se foi, com várias máscaras de cromos. Imaginou que faria a reunião, fecharia o negócio e voltaria em seguida. Não contava, porém, com o atraso do voo e o trânsito de Nova York, que o fizeram chegar quase uma hora além do tempo previsto. No luxuoso escritório do diretor, insistiu, em vão, para que fosse atendido.

— Falei que tinha vindo do Brasil, mas a secretária respondia que não podia fazer nada, que ele já tinha outros compromissos marcados para aquele dia. Tentei agendar para o dia seguinte, também não dava. Só sei que tive de ficar quase uma semana em Nova York, sem dinheiro, me virando como podia, até ser atendido pelo homem. No final, valeu a pena, vendi muitas fotos, mas aprendi a lição: jamais cheguei atrasado a nenhum outro compromisso na minha vida — disse ele.

Conto sempre a história desse fotógrafo porque ela me serviu de lição. Aprendi que chegar no horário combinado, ou, melhor ainda, antes dele, é sinal de respeito ao entrevistado, ao editor, ao colega de equipe, enfim, a quem nos espera. Esse cuidado faz que a reportagem já comece bem, sem sobressaltos, com mais tempo para ajustes e correções. O atraso acelera todos os processos e aumenta as possibilidades de erro. Seja pontual e aumentará significativamente sua porcentagem de boas matérias.

### PRAZO É TUDO

No jornalismo, rapidez é tão ou mais importante que a profundidade e o apuro dos textos. Pesquisas comprovam que notícias oferecidas mais cedo ao leitor são mais lidas. A atribulada vida urbana tem pressa. Por isso, cumprir prazos, sobretudo o de fechamento, continua sendo vital para o jornalista de qualquer veículo.

Ser "rápido" sempre foi uma característica muito apreciada nas redações em que trabalhei, mesmo a do *Jornal da Tarde*, que prezava o texto mais caprichado.

"Ele é muito rápido. Um dia bateu dez laudas em meia hora", ouvi, certa vez, um editor se referir a Percival de Souza, repórter policial do *Jornal da Tarde*. Calculei o tempo, de cabeça, e constatei que ou o simpático Percival era um gênio ou havia cometido centenas de erros, que depois copidesque e revisor corrigiram.

De qualquer forma, havia momentos em que realmente não bastava escrever bem. O bom redator precisava também datilografar com agilidade, ou muitas de suas matérias seriam publicadas pela metade – ou nem seriam. A pressão de, em poucos minutos, melhorar matérias que os repórteres tinham horas para escrever atormentava os copidesques, que na reta final do fechamento ainda tinham de ouvir o editor de esportes caminhar entre eles, anunciando: "Olha a vaca! Olha a vaca!"

Apesar do terror, a vaca nunca foi para o brejo e o jornal nunca deixou de sair. Com a experiência, cada profissional aprende a lidar com o tempo de maneira que consiga realizar suas tarefas no prazo. Se o repórter é mais lento, começa a escrever antes. Se o editor sabe que o copidesque é pouco hábil, lhe passará matérias menores ou menos complicadas.

Em determinado momento, passava a ser proibido buscar novas informações; a ordem era "fechar com o que se tem". Isso economizava o tempo de novos telefonemas ou consultas ao arquivo. O cópi dava um jeito de terminar a matéria com as informações disponíveis. Hoje essa checagem pode ser feita sem sair da cadeira, nos sites de busca da internet, mas a pressão é a mesma.

Nos jornais, os fechamentos, diários, tinham tolerância de minutos. Do texto pronto da máquina do cópi e aprovado pelo editor dependia toda a linha de produção que passava pelas rotativas e seguia para os caminhões que distribuíam os exemplares pelas bancas. Nos programas de rádio, não deveria, mas a tolerância também era de minutos; nas tevês, de segundos; nas revistas e livros, podia chegar a dias.

Parece que não, mas uma revista mensal exige um severo respeito aos prazos. O ritmo de produção de matérias, mais lento do que no jornal, às vezes engana, mas quando o dia de entrar em gráfica vai chegando redação e comercial brigam por espaço, matérias e anúncios caem, outros entram, e tudo fica mais complicado, pois, além do frenesi natural do fechamento, exige-se uma sofisticação de texto e imagem que não é imprescindível no impresso diário.

Escravo dos prazos, trouxe esse maquiavelismo para a literatura. Sou capaz de labutar dias inteiros e consecutivos para terminar um livro na data estipulada pelos editores. Se já faço isso só pelo prazer de pagar minhas contas escrevendo, imagine então como fiquei animado quando um editor me chamou à sua sala para dizer que eu ficaria rico com o livro que estava terminando. Ele havia vendido a obra em fascículos para vários jornais e eu teria uma pequena participação em cada exemplar, que, somada, daria uma fortuna.

Não ligo tanto para o dinheiro, mas bem que naquela ocasião deveria ligar, pois minha situação financeira era caótica. Trabalhei noite e dia, nem fiz a barba, comi mal, mas entreguei todo o texto no prazo. Então, o editor de arte passou mais de um mês descobrindo uma cor especial para cada página, o revisor demorou mais duas semanas para fazer sua parte e, em consequência, todos os prazos foram perdidos e nenhum jornal comprou o livro para oferecê-lo em fascículos. Da bolada que eu deveria ganhar, recebi uns caraminguás que, ao menos, foram suficientes para quitar algumas dívidas e comprar um aparelho de barba.

## BRINCADEIRA TEM HORA

É AGRADÁVEL TRABALHAR EM um ambiente informal, bem-humorado, em que prevaleça a camaradagem e os jornalistas se sintam seguros e confortáveis. Tive a sorte de ser repórter em redações assim e depois, como editor, tratei de criar esse clima entre as equipes que dirigi. Porém, até que aprendesse quando, como, onde e com quem brincar, levou um bom tempo. Por pouco não atrapalhei alguns trabalhos por gracejar na hora errada.

O maior fora que dei, e do qual não gosto nem de lembrar, ocorreu na viagem para cobrir os Jogos Pan-Americanos de Porto Rico, que, inexplicavelmente, teve escalas em Nova York, Miami e Santo Domingo. Depois de viajar a noite toda, o repórter Ney Craveiro, o fotógrafo Claudinê Petroli e eu chegamos a Nova York.

Mal desembarcamos e já rumamos à ala de embarque para Miami. O experiente Craveiro, que sabia um pouco mais de inglês, comandava tudo. Eu, o foca, fazia o que eles pediam. Exausto, pois não conseguira dormir no avião – como jamais conseguiria dormir em avião nenhum –, aceitei, sem retrucar, a incumbência de passar pela checagem de embarque com a lente teleobjetiva do Claudinê, que, dentro de um longo estojo de couro, parecia uma bazuca.

O estranho objeto passou pelo aparelho de raios-X e a mulher, que me pareceu bem simpática, não conseguiu identificar o que era e me fez uma das poucas perguntas que eu entendia em inglês: "What is this?" Como ela me sorria de um jeito amigável e, talvez, como meu cérebro, insone, não estava funcionando muito bem, achei que podia fazer uma brincadeirinha e soltei uma das poucas frases em inglês que eu conhecia: "It's a gun!"

Lembrei-me de "Peter Gun", uma popular série de tevê, e disse a maldita frase. A mulher fechou a cara na mesma hora, apertou um botão e logo fomos cercados por seguranças. Outros passageiros, à nossa volta, nos olhavam, apreensivos. Senti como se todo o aeroporto de Nova York estivesse paralisado por minha causa. Segundos depois, felizmente, eles abriram o zíper do estojo e viram que se tratava de uma lente, enquanto eu, com um sorriso amarelo, tentava balbuciar "Fo-tó-gra-fo".

A mulher me deu um último olhar que lembrou o de minha mãe quando queria dizer: "Esse menino não tem jeito!" Por sorte os tempos não eram tão cavernosos como hoje, em que atentados em aeroportos passaram a ser quase rotineiros. Não sofri maiores sanções, a não ser as reprimendas esperadas dos meus dois colegas de jornal.

Porém, o estoque de constrangimentos que eu lhes provocaria naquela viagem ainda não tinha acabado. Sabendo que a América Central é um lugar de sol e belas praias, havia comprado um tecido colorido, com frutas e flores, e pedido para a minha paciente mãe, ótima costureira, uma camisa daquelas típicas de turista. Achei que ficou linda, com um grande abacaxi no peito.

Em Santo Domingo, onde passaríamos a noite antes de seguir para San Juan, decidi que finalmente vestiria minha camisa nova ao sair para jantar com o Ney e o Claudinê. Ao darmos um passo fora do hotel, fomos seguidos por uma multidão de homens querendo trocar pesos dominicanos por dólares. Ao passarmos em frente a um restaurante, todos os clientes paralisaram os talheres no ar e olharam para nós. Um deles, lá no fundo, gritou:

— Ei, gringo!

Descobrimos, assim, que turista tipo norte-americano não era bem-vindo por lá. E nem adiantava dizer que era do Brasil, pois tropas brasileiras, a serviço da Organização dos Estados Americanos, também já tinham invadido a cidade anos atrás. Seguimos, quietinhos, cismados, receosos de alguma agressão, enquanto o Ney me dizia, entre dentes:

— Tinha de usar essa camisa?

Quando finalmente chegamos ao elegante hotel, em San Juan de Porto Rico, Ney e Claudinê decidiram dividir um quarto e, compreensivelmente, deixaram-me sozinho na recepção. Após duas ou três horas, uma alma bondosa, o jornalista Fernando Sandoval, da revista *IstoÉ*, convidou-me para ficar em seu quarto. Demo-nos bem. Eu já tinha esgotado as minhas brincadeiras naquela viagem.

# 3 Isenção

QUALIDADE DE SER NEUTRO, IMPARCIAL, DE RESISTIR À TENTAÇÃO
DE FAZER PREVALECER SUA VISÃO PESSOAL SOBRE O ASSUNTO OU USAR O
CARGO PARA CONSEGUIR VANTAGENS PARA SI OU PARA OUTREM.

## QUAL É O NOSSO LADO

A voz grave do locutor de rádio narrava, em tons dramáticos, a invasão da capital da Tchecoslováquia pelas tropas do Pacto de Varsóvia, que naquele final de agosto de 1968 esmagavam a Primavera de Praga instituída cinco meses antes por Alexander Dubcek, secretário-geral do partido comunista tcheco. Convidado pelo Carlos Figueiredo e Ary China para escrever ao recém-fundado *O Gil*, jornal do Colégio Padre Francisco João de Azevedo, de Cidade Dutra, inspirei-me naquela notícia, sobre o fim da esperança dos tchecos de voltar a viver em um país livre, para escrever um emocionante artigo em nosso jornalzinho.

Diretor da publicação, Figueiredo tinha explicado que "Gil" era um personagem pouco conhecido de Walt Disney. Trouxe até uma caricatura do dito-cujo para comprovar. Anos depois, pesquisei e só encontrei como referência o filme *Darby O'Gill* (cuja pronúncia é "Dãrbi Ó Guil"), produzido pela Walt Disney Pictures, em 1959. O personagem principal é um velho irlandês contador de histórias. Tudo indica que o senhor O'Gill virou O Gil. De qualquer forma, o jornal não era para crianças.

"Pais choram por seus filhos brutalmente assassinados ao defender sua pátria", insistia o locutor, descrevendo o avanço dos tanques pelas ruas da capital tcheca. Sem a oposição do exército, que cruzou os braços, apenas os civis tentaram resistir aos invasores. Alguns tentavam com palavras, outros se deitavam na frente dos tanques, mas os mais exaltados, sobretudo os jovens, lançavam pedras e coquetéis Molotov contra os inimigos. Os confrontos deixaram 72 mortos e 702 feridos.

Imaginei que, como eu, ninguém seria insensível à monstruosa infâmia de ver sua pátria invadida e seus filhos mortos pelo agressor. Fiz o que, nos meus 16 anos incompletos, acreditei ser um bom artigo, carregando nas tintas contra as tropas comunistas. Juntei as folhas, duas ou três, no máximo, e levei-as para o colégio. Lá, com orgulho disfarçado, mostrei minha obra para o Carlos e o Ary.

Leram e cochicharam entre si. Em seguida, Ary ergueu os olhos para mim e sentenciou:

— Odir, não podemos publicar isso.

— Por quê? Não está bem escrito? — eu quis saber.

— Não é isso. É que ou você está com a gente, ou está contra nós.

Meus argumentos foram vãos. Se o assunto fosse a Guerra do Vietnã, eu teria plena liberdade para desancar os intrusos ianques, mas, no caso da invasão da Tchecoslováquia, nada poderia ser dito contra a União Soviética. Naquele momento ficou claro, para mim, que o jornal fora criado para apoiar não somente o movimento estudantil contra a ditadura militar, mas também os grupos de esquerda que já agiam no Brasil e a filosofia comunista difundida pelos soviéticos.

Senti-me decepcionado, não só com meus colegas, mas com essa concepção de jornalismo que eu ainda não conhecia. Ao mesmo tempo, porém, sem que ninguém me ensinasse formalmente, aprendi ali a primeira das muitas lições que comporiam a filosofia que persigo nessa profissão: a de jamais permitir que um grupo, uma seita, uma facção política, religiosa, ou de qualquer espécie dite o meu modo de pensar e analisar os fatos. O que é bom é bom; e o que é ruim é ruim. O lado do jornalista é a verdade.

Nem sempre é possível ser neutro, sei bem disso, e só o fato de trabalharmos para uma organização jornalística, imersa em uma profusão de interesses, já nos tira muito da isenção idealizada. Porém, a imparcialidade deve ser uma meta constante, ou nossos valores viverão ao sabor das circunstâncias e nossos textos não terão a mínima credibilidade.

Meu choroso artigo sobre a liberdade tcheca foi parar no lixo, assim como Dubcek e sua efêmera primavera. Porém, como a ideologia ainda não separava pessoas, continuei amigo do Ary e do Carlos, e a convite do Ary participei de reuniões da União Estadual dos Estudantes, gritei bordões e carreguei faixas em passeatas contra o regime militar, naquele explosivo 1968. Afinal, ao menos concordávamos em defender a democracia e as eleições diretas para o Brasil.

## JORNALISTA NÃO É FÃ

Logo que me iniciei na profissão, alertado pelos colegas mais experientes de que "jornalista não é fã", tentei ser imparcial nas coberturas das competições esportivas e dos atletas que eu admirava. Obviamente não consegui ser cem por cento isento, pois a parcialidade se percebe até nas entrelinhas de um texto, mas garanto que tentei. E tento.

Quando editor, sobretudo de revistas de tênis e futebol, radicalizei esse conceito e passei a orientar os repórteres para que evitassem ficar amigos de atletas. Essa amizade acabaria influindo no julgamento da atuação técnica e do comportamento desse atleta, prejudicando a neutralidade que se espera de um bom jornalista.

Sei que é tentador, para um jovem que se inicia na profissão, sentir-se, de um dia para o outro, próximo de uma celebridade que antes ele só conhecia pela mídia. Deve dar muito status voltar para a roda de amigos do colégio e dizer que agora já conhece fulano e beltrano, ídolos que os pobres mortais só veem pela televisão.

Não sei se pelo meu temperamento, meio blasé, essa quase bajulação pelo astro nunca me atraiu. Se houve um atleta do qual me aproximei, por admiração e simpatia, este foi Oscar Schmidt, o cestinha do basquete, que conheci quando foi campeão mundial, pelo Sírio, em 1979. Ele foi o único esportista que convidei para o meu casamento, e de quem fui biógrafo e assessor de imprensa. Porém, nas primeiras discussões, nossa pretensa amizade já desandou. Cada um seguiu o seu caminho e há anos não nos falamos.

Admito que é um sentimento natural buscar a amizade dos ídolos que respeitamos, mas o jornalista precisa estar alerta, pois é ele que pode perder mais com essa relação. Vivi um caso exemplar quando fui um dos editores de Esportes do *Jornal da Tarde*.

A jovem repórter trouxe uma matéria do desembarque da Seleção Brasileira Feminina de Vôlei. O texto só falava de encontros, sorrisos, abraços, mas lá no final detectei umas frases preocupantes, nas quais se percebia uma sintomática troca de farpas entre o técnico e as jogadoras. Chamei a repórter de lado, mostrei o motivo de minha preocupação e pedi que ela refizesse o lide da matéria (chamamos de "lide no pé" quando o mais importante do texto é colocado no seu final).

— Ah, Odir, isso é questão de estilo — rebateu ela, dando de ombros à minha orientação e preparando-se para ir embora.

Tentei argumentar, mas ela não se sentia obrigada a mudar o texto ou buscar mais informações para aprimorá-lo, pois respondia diretamente à editora de esportes amadores e esta, como ela, jogava e adorava vôlei e se orgulhava da amizade que tinha com atletas e dirigentes do esporte. Minhas recomendações foram recebidas até com certa hostilidade, sobretudo depois de, impaciente, eu ter ressaltado que "lide no pé nunca foi questão de estilo".

Pois bem. No dia seguinte, estourou a crise na seleção feminina de vôlei, que outros jornais cobriram bem melhor do que nós. Muitas jogadoras estavam revoltadas com o técnico Marco

Aurélio Motta, que substituiu Bernardinho quando este passou para a seleção masculina. Para se manter no cargo, Motta teve de fazer algumas dispensas. A seleção feminina só voltaria a novas conquistas um ano depois, com a entrada do técnico José Roberto Guimarães.

Aquele momento crítico do vôlei nacional poderia ter sido antecipado pela repórter, caso ela fosse menos fã e mais jornalista. Se percebesse a importância do assunto que tinha em mãos, poderia fazer mais entrevistas, colher mais informações e ligar para a redação pedindo que reservássemos um espaço maior para a sua matéria.

Escrever a verdade não deveria criar nenhuma hostilidade entre o jornalista e seus entrevistados, mas temos de admitir que as coisas não funcionam assim, principalmente em um país com pouca tradição de *fair play* e tolerância. Por isso, entre falsear ou esconder os fatos para manter uma amizade com alguém famoso, ou fazer o seu trabalho de jornalista imparcial, como deve ser, escolha sempre a segunda opção.

### MERITOCRACIA

SEMPRE ME INCOMODEI COM o conceito de alguns editores de esporte que decidiam dar mais espaço aos times de futebol de maior torcida, independentemente de seu desempenho no campeonato. Para mim, isso representava uma reserva de mercado, um desrespeito à meritocracia essencial ao bom jornalismo.

O mesmo conceito populista empregado em outras áreas, como artes e espetáculos, política e economia, fazia que o veículo desse mais destaque aos mesmos de sempre, mesmo quando incompetentes e desinteressantes.

Os exemplos opostos, de azarões bem-sucedidos, de Davis que venciam Golias, de equipes esportivas, artistas, políticos e empresários sem grife, eram retratados, no máximo, em matérias especiais, para logo ser esquecidos. Nesse ponto, o jornalismo é bem conservador, pois prefere se segurar nas grandes marcas a se arriscar com as emergentes.

O motivo alegado para essa prática é o econômico: se um time tem mais torcedores, o jornal venderá mais caso dedique maior atenção a ele. Hoje, época de jornais escassos e falimentares, pensemos em programas de tevê e portais de notícias. O termo "vender mais jornal" agora significa dar mais ibope ou atrair mais acessos. A essência, porém, é a mesma: cativar o público por suas preferências preestabelecidas, sem correr o risco de apresentar-lhe novidades.

Nas áreas que mexem com as preferências pessoais dos editores, esses privilégios são ainda mais acentuados. Tive um editor que justificava o espaço desmedido ao seu time porque, segundo ele, pesquisas comprovavam que, quando esse time ganhava, os paulistanos trabalhavam mais felizes. Ora, a maioria dos paulistanos não torcia para o time.

Tive outros editores que, invariavelmente, davam um jeito de destacar o que estava ocorrendo com sua equipe preferida. Se ela estava bem, merecia ser realçada por estar bem; se estivesse mal, idem. Parece engraçado, visto de fora e de longe, mas, quando jornalistas são contratados e têm maiores possibilidades de promoção por torcer para o mesmo time do chefe, isso não é tão inocente quanto parece.

Então, decidi, comigo mesmo, que quando fosse editor teria um comportamento diferente: procuraria ressaltar o mérito acima de tudo. Anos depois, em 1995, tive essa oportunidade ao reunir minhas economias e lançar a *Revista do Futebol*. Cabia a mim decidir a matéria de capa e as reportagens que teriam maior proeminência na publicação mensal, distribuída para todo o país. Era a grande oportunidade de exercer o espírito de justiça que eu exigia dos outros.

Na primeira edição, a matéria de capa falava do grande craque do Brasil na época, o atacante Romário, do Flamengo. Na segunda, escolhi Marcelinho Carioca, que acabara de levar o Corinthians à conquista da Copa do Brasil; na terceira, dei destaque aos campeões de São Paulo e Rio de Janeiro – Corinthians e Fluminense; na quarta, após enquete com os principais jornalistas esportivos do país, escolhemos Juninho Paulista, eleito o melhor jogador brasileiro de 1995; na quinta, optamos pelo técnico Mário Jorge Lobo Zagallo, que vivia sua fase de maior reconhecimento e popularidade. Só na sexta edição falei do time de que gosto, e porque ele realmente mereceu.

Fizemos uma capa com Giovanni buscando a bola no fundo do gol do Fluminense. O jogador paraense chegara tímido e desconhecido à Vila Belmiro e se revelara um craque. Acabara de levar o Santos ao vice-campeonato brasileiro de 1995, em uma final com o Botafogo que deveria ter sido vencida pelo Santos, não fosse o erro grosseiro do árbitro Márcio Resende de Freitas, que viu impedimento no segundo gol santista, o do título, marcado por Marcelo Camanducaia.

Escolhido como o melhor jogador daquele Campeonato Brasileiro, Giovanni ganhou a Bola de Prata da revista *Placar*. No ano seguinte, seria artilheiro do Campeonato Paulista e em seguida iria para a Europa, contratado pelo Barcelona. Enfim, sua escolha para a capa da *Revista do Futebol* foi extremamente justa e a única que dediquei ao meu Santos em um ano e meio de revista, encerrada no final de 1996.

## SEM PANELINHAS

UM DOS RAROS JORNALISTAS paulistanos a empunhar uma raquete no final da década de 1970, fui escalado para algumas coberturas de tênis pelo *Jornal da Tarde* e iniciei uma convivência com esse esporte que se estendeu para emissoras de rádio, tevês, outro jornal diário e cinco revistas especializadas, em um trabalho que me trouxe muitos aprendizados.

Um deles foi me conscientizar de que, por mais que um jornalista auxilie na ascensão de um atleta, acompanhando sua carreira desde a infância, com matérias positivas e encorajadoras, na primeira crítica que fizer ao futuro astro correrá o risco de ser olhado como inimigo mortal não só pelo dito-cujo, mas também por seus familiares e amigos.

O pior é que o roteiro se encaixa também no caso dos jogadores mais experientes. O mundo do tênis brasileiro é um canteiro pequeno, no qual as vaidades afloram e brigam pelo espaço como árvores amazônicas. Em vez de unidas, as pessoas que o habitam – jogadores, empresários, jornalistas – se dividem em grupos que, às vezes, nem se falam.

O empresário criava uma promotora de eventos e, para dar sustentação a seus torneios, lançava também uma revista de tênis. Nesse núcleo passavam a orbitar os clientes, parceiros, tenistas e agregados. Estava formada uma panela, que se contrapunha a outras cujos epicentros também eram representados por promotoras de tênis.

Consciente disso, quando fui convidado para ser o editor da *Revista Tênis*, no início de 2003, idealizei uma publicação abrangente e democrática, que navegasse por todas as panelas e contemplasse, indistintamente, aqueles que já tinham feito ou estavam fazendo algo importante para esse esporte no Brasil.

Abrimos espaço para professores, promotores, técnicos, empresários, fabricantes e, a cada edição, na matéria de capa, entrevistávamos um ídolo brasileiro. Thomaz Koch, Carlos Lelé Fernandes, Edison Mandarino, Luiz Mattar, Jaime Oncins, Carlos Alberto Kirmayr, Fernando Meligeni... Todos puderam contar suas histórias e, por meio delas, a história do nosso tênis.

Havia pressão para que entrevistássemos os melhores do mundo, como as revistas internacionais faziam. Outros diziam que devíamos cobrir apenas as competições infantojuvenis, pois os pais desses tenistas é que compravam revistas. Porém, mantivemos nossa linha editorial – e, em um gesto ousado, chegamos até a publicar um artigo do dono da revista concorrente, ele também um ex-tenista de algum sucesso.

Surpreendi-me com o apreço que nossos leitores tinham por essas matérias sobre figuras marcantes da história do tênis brasileiro. Uma entrevista com Sofia de Abreu, primeira grande tenista nacional, lá pelas décadas de 1940 e 1950, recebeu mais cartas de elogios do que outras entrevistas com personagens bem mais recentes.

Praticávamos, ali, os editores Arnaldo Grizzo e Vitor Bara e eu, uma neutralidade consciente, dando voz a amigos e inimigos, a quem nos era simpático ou não. Colocamos nossas preferências pessoais de lado, como é o dever do jornalista, e buscamos contar uma história, em capítulos, da maneira mais fidedigna possível.

Porém, uma revista segmentada não depende só de boas matérias ou de credibilidade. Há um monstro que se chama mercado, avesso a publicações dirigidas. Assim, quando o fechamento da revista era iminente, contatei duas editoras e uma delas assumiu a publicação.

Os novos proprietários, porém, tinham ideias diferentes para o editorial. Para começar, vetaram uma entrevista que eu já tinha feito com uma ex-tenista brasileira que vivia nos Estados Unidos. Vice-campeã de duplas mistas em Roland Garros e semifinalista da Federation Cup ao lado de Patrícia Medrado, Cláudia Monteiro tinha muito a dizer sobre sua carreira e o tênis feminino nacional.

Bem, eu não queria voltar ao padrão excludente de antes. Ainda insisti em mais alguns números, mas acabei pegando meu boné e indo cantar em outra freguesia. Vivi exclusivamente como escritor de livros durante dois anos e meio. Não estava mesmo a fim de fazer parte de nenhuma panela.

## OUVIR OS DOIS LADOS

No *Jornal da Tarde* éramos proibidos de reproduzir relises. Se a informação fosse boa, deveríamos checá-la antes de transformá-

-la em notícia. Se não me engano, o *JT* era o único jornal com critérios tão rígidos para lidar com o material das assessorias de imprensa. Às vezes, quando conhecíamos o assessor, parecia preciosismo conferir sua informação, mas consultar mais de uma fonte, ouvir o outro lado, era lei na nossa redação.

A primeira e inesquecível lição que recebi a respeito disso ocorreu quando ainda era um foca da Geral, a editoria que englobava cidades, polícia, ecologia e tudo mais que não se encaixava em política, economia, artes, internacional e esportes. Recebi a incumbência do pauteiro Elói Gertel e fui cobrir uma inundação, no bairro da Lapa, provocada pelo rompimento de dutos da Sabesp, a Companhia de Saneamento Básico do Estado de São Paulo.

A pauta tinha os telefones das pessoas a ser contatadas. Liguei, marquei e fui direto para a Sabesp, onde o solícito assessor de imprensa me respondeu a todas as perguntas, tintim por tintim, chegando a detalhes que, imaginei, tornavam a matéria bem esclarecedora. De volta à redação, escrevi o texto, duas ou três laudas, e o entreguei a Fernando Portela, paciente chefe de reportagem encarregado de monitorar os focas.

— Falta ouvir o outro lado — decretou Portela, após uma leitura rápida. — Você não ouviu os moradores das casas alagadas.

Oh, não, pensei. Pegar motorista, fotógrafo e fazer tudo de novo parecia supérfluo, além de desanimador. Era uma daquelas tardes em que me sentia exausto. Estava de pé desde as seis da manhã. Cursava o último ano de Jornalismo, em São Judas, ia almoçar em casa, tirava um cochilo e saía de novo para o jornal. Só que morava longe, na Cidade Dutra, perto do Autódromo de Interlagos. Até o *JT*, no Bairro do Limão, fazia uma viagem de dois ônibus e, no mínimo, uma hora e 45 minutos. Já estava saboreando a volta para o lar quando o Portela, inflexível, me fez voltar para a rua em busca dos alagados.

Fui – que remédio? – e lá, na rua simples, com casinhas geminadas, ouvi a versão de quem sofreu a inundação. Bati o testemunho das pessoas com as declarações do assessor de imprensa e constatei alguns desencontros. O assessor havia afirmado, por exemplo, que em determinado horário, logo depois da meia--noite, a Sabesp já tinha tudo sob controle. Porém, os moradores disseram que foi justamente naquele horário que a água veio com mais força e a situação piorou.

Para não dar apenas uma versão, escrevi o texto intercalando as informações, contraditórias, da assessoria de imprensa e dos moradores. Gostei do resultado. Era evidente que assim a matéria passava mais credibilidade. Portela também gostou e senti que minha disciplina, ao seguir à risca sua determinação, me fez ganhar algum crédito na busca do direito de ser contratado pelo jornal.

Adotei essa concepção – de ouvir os dois lados – em meus trabalhos posteriores, utilizando-a também nas entrevistas e pesquisas para livros. Percebi que não é só o assessor de imprensa que costuma dourar a pílula de seu cliente. Uma personalidade – talvez qualquer ser humano – também tem o hábito de supervalorizar as suas qualidades e conquistas e, ao mesmo tempo, minimizar seus defeitos e fracassos.

Não podemos acreditar piamente nem mesmo em um personagem que nos conta sobre a sua própria vida. "Sim, mas se essas declarações serão publicadas entre aspas, a responsabilidade por elas não será do jornalista, ou do escritor, mas também do entrevistado", poderão argumentar alguns. Concordo que legalmente o autor não será responsabilizado, mas zelar pela veracidade dos fatos é uma obrigação que ele não pode evitar.

Não foram poucas as vezes em que astros do esporte me contaram sobre seus recordes e façanhas e depois, ao checar nos arquivos, descobri não ser exatamente como afirmaram. No começo da profissão, o jovem jornalista tende a confiar em tudo que seus ídolos lhes dizem. Porém, mesmo nesses casos, é preciso ouvir o outro lado.

## SEM OLHAR A QUEM

CADA FASE DA PROFISSÃO de jornalista nos traz ensinamentos. Alguns deles só vêm quando deixamos de ser repórteres e assumimos cargos de chefia. Nessa hora, a imparcialidade ganha mais uma conotação. Não se refere apenas à reportagem, ao texto final, mas à maneira como fazemos nossas escolhas, que critério usamos para escalar quem fará o quê e como orientamos e motivamos o grupo.

Como pregar a isenção do repórter se o editor privilegia alguns da equipe e persegue outros? O jornalismo é uma profissão ética, devendo essa propriedade ser exercida em todos os níveis. Não há como fazer isso sem um apurado senso de justiça.

Como muitos, já fui descartado de boas pautas por preferências pessoais da chefia. Pelo mesmo motivo, fui premiado com outras. O ideal, mesmo, é o jornalista ser escolhido para uma matéria por sua competência e afinidade com o assunto. Novamente, o que deve prevalecer é a meritocracia.

Quando editor, além de dividir as pautas, de preferência, pela capacidade e inclinação de cada repórter, procurava aproveitar toda oportunidade para ensinar-lhes algo. Na redação, no café, no almoço, em momentos fora da empresa... Pois, muito mais do que chefe, o editor é um formador de jornalistas. É sua responsabilidade torná-los melhores. Acredito que a demissão de um jovem repórter não é triste apenas para ele, mas também para o editor que o demite, pois prova que este não teve a capacidade de amparar, ensinar e preparar o aspirante.

Formar um só jornalista equivale a muitos prêmios, mas, para isso, um exemplo vale mais do que mil palavras. Há uma regra que diz: "Nunca peça a um repórter o que você não faria". Concordo e acrescento: "Dê ao repórter o que mais agrada a você mesmo". E o que um repórter mais quer, além de viagens?

Minha primeira viagem internacional, para cobrir os Jogos Pan-Americanos de Porto Rico, em 1979, foi tão bem-sucedida que, ao lado do colega Castilho de Andrade, ganhei o Prêmio Esso de Informação Esportiva. Imaginei que aquilo me garantiria na cobertura da Olimpíada de Moscou, no ano seguinte, mas o editor, sob a alegação de que não teria outra oportunidade de conhecer a União Soviética, escalou a si próprio, apesar de não estar familiarizado com os chamados esportes amadores. É fácil imaginar a frustração que senti por tal decisão.

Especialista em tênis por tanto tempo e por tantos veículos, eu poderia ter coberto mais de uma vez o Torneio de Itaparica, cujos convites para a imprensa eram disputados a tapas por editores de esporte e até de outras áreas. Não era para menos. Tratava-se de uma semana no encantador Mediterranée, com tudo pago. Pois nunca fui. Jamais insisti para ir. Acreditava – e acredito – que jornalistas devem ser escalados por mérito e não por amizade ou conveniência.

Pratiquei isso quando editor, para sorte de meus repórteres, principalmente de Arnaldo Grizzo e Vitor Bara, os maiores viajantes da *Revista Tênis*. Se a publicação não podia lhes pagar um bom salário, por que impedi-los de viver o lado bom da profissão? Bem, acho que, somando tudo, consegui motivá-los. Arnaldo se tornou um aplicado editor quando saí, e Vitor, formado em História, optou por continuar no jornalismo.

Entre 2011 e 2012, convidado por Fernando Baracchini, tornei-me editor do Selo Jovem da Novo Conceito, de Ribeirão Preto, com a incumbência de descobrir novos autores nacionais. Nesse período, dei meu parecer sobre mais de 2 mil obras e orientei e editei alguns autores, entre eles Chico Anes, Maria Fernanda Guerreiro, Fernanda Saads, Tammy Luciano e Marina Carvalho.

Auxiliado por Danilo Junqueira, criei um sistema ágil para aferir os originais enviados à editora, uma das que mais vendiam romances no Brasil. Enquanto em outras o autor esperava a vida toda por uma resposta, na Novo Conceito analisávamos a obra e dávamos o parecer em menos de duas semanas. O trabalho era corrido, mas eficiente. Não se levava em conta quem tinha escrito, mas o que estava escrito. Enfim, era outra forma de praticar a sagrada isenção.

# 4 Precisão

PARA TODA PESSOA, A PALAVRA MAIS IMPORTANTE É SEU PRÓPRIO NOME,
E COMO NOMES NÃO TÊM REGRAS, PRECISAM SER CHECADOS. ASSIM COMO DATAS,
IDADES, FRASES ENTRE ASPAS E FATOS HISTÓRICOS. ENFIM, TUDO.

## A PALAVRA MAIS DOCE

COMO FOI DITO ACIMA, para qualquer pessoa, a palavra mais importante de todas as línguas é o seu próprio nome. Uma entrevista espetacular pode ser muito prejudicada por uma letrinha a mais ou a menos. Nomes são palavras especiais, pois não obedecem às leis da gramática. Pais batizam os filhos do jeito que querem e, às vezes, apenas ditam as palavras que os escrivães dos cartórios interpretam à sua maneira. Assim, cada nome pode ser único, principalmente no Brasil.

Há países, como Portugal, em que os nomes têm de obedecer ao idioma e à cultura do país. Em muitos outros, como Alemanha, Suécia, Japão, França, Espanha, Argentina, Islândia, Nova Zelândia e Dinamarca, também há restrições. No Brasil, desde que não se considere que causará constrangimento à criança, não há restrição nenhuma, o que se torna um complicador para o jornalista.

No futebol, por exemplo, o som pode dar apenas uma vaga referência da grafia do nome de um jogador. O artilheiro Deivid e o zagueiro David Braz são chamados da mesma maneira, mas assinam de forma bem diferente. Já o nome do defensor do Brasil na Copa de 2014, David Luiz, é pronunciado "Daví". O zagueiro Odvan, que jogou no Vasco e na Seleção Brasileira, foi registrado assim em homenagem à música de Roberto Carlos, "O divã".

Houve época em que a imprensa resolveu uniformizar os nomes, ou seja, adaptá-los à nomenclatura moderna. Assim, "y" virou "i" e "ph" se transformou em "f", por exemplo. Não era preciso checar. Raphael ficou sendo Rafael e não se falava mais nisso.

No fundo, aquilo me incomodava, mas se era regra e todo mundo no jornal usava, fazer o quê? Porém, quando criei os manuais de redação para as revistas que editei, escrevi meus livros ou fiz outros trabalhos independentes, adotei a regra de grafar os nomes conforme eles foram registrados.

Ao entrevistar Gylmar dos Santos Neves, o goleiro mais vitorioso do futebol mundial, duas vezes campeão do mundo pela Seleção Brasileira e outras duas pelo Santos, sempre como titular, fiquei sabendo que seu nome se escrevia com "y" e que ele gostava que fosse assim, apesar de todos os jornalistas o substituírem pelo "i".

Na certidão de nascimento, Pelé foi registrado como "Edison", mas, com o tempo, suprimiu o "i" e passou a usar "Edson". O tenista Edison Mandarino, porém, grande parceiro de Thomaz Koch na Copa Davis, não suprimiu o "i" de seu nome, ao contrário de todos os jornalistas brasileiros.

Outro ídolo do esporte vítima das convenções jornalísticas foi o meia Jair Rosa Pinto. Craque da Seleção Brasileira na Copa de 1950, ídolo do Vasco, Palmeiras e Santos, nosso herói morreu sem saber por que os repórteres enfiaram um "da" entre Jair e Rosa, transformando seu nome em Jair da Rosa Pinto, denominação bem usada até pouco tempo.

Ao seguir o princípio de escrever os nomes conforme seus donos foram registrados, temos de empregar o hífen ao grande compositor brasileiro Heitor Villa-Lobos e não usar o acento circunflexo para o artista plástico Candido Portinari. Nesse particular, a Wikipédia ajuda muito, pois seus artigos geralmente têm a participação da própria pessoa retratada, ou de seus parentes ou assessores, o que diminui a possibilidade de que nomes sejam escritos de forma equivocada.

Sem contar que a história dos nomes pode enriquecer a matéria. Quem diria que Coutinho, o notável companheiro de tabelas com Pelé, deve o seu apelido não ao sobrenome Couto, como seria de se esperar, mas a "Coto", que sua mãe empregava no sentido de pequeno, bonitinho?

Enfim, nomes são termos preciosos e devem ser escritos do jeito que são, mesmo que firam as regras gramaticais. Para isso, pergunte, peça para soletrar, cheque, e, se ainda bater a dúvida na hora de escrever, telefone para o entrevistado. É melhor passar um breve constrangimento do que uma vergonha eterna.

## NÚMEROS NÃO MENTEM – MAS SÓ OS CORRETOS

NÚMEROS, EM TODAS AS suas manifestações – datas, idades, quantidade, ordem ou medida –, podem ser a maior atração de uma matéria. Porém, exigem cuidado redobrado. Afinal, em caso de equívoco, podem fazer um texto elogiável se transformar em uma barriga da qual o autor jamais desejará se lembrar.

Um algarismo pode mudar o enfoque de uma página inteira. Aprendi isso da maneira mais difícil possível, pois o livro *Time dos sonhos* já estava impresso e, naquele começo de 2004, era um sucesso de vendas entre os torcedores do Santos. Porém, a primeira edição saiu com alguns erros de informação cometidos por mim. Eram raros, se pensarmos que a obra tinha 528 páginas e cerca de 100 mil informações; porém, assim como um bom enxadrista, o escritor de livros históricos não pode se contentar em trazer uma boa informação, mas a melhor, a mais correta.

— Minha mulher queria comprar o livro pra mim. Peguei na livraria para folhear e logo na primeira página que abri vi um erro enorme. Deixei o livro lá e fui embora — disse-me um zangado quase leitor ao telefone.

Quis saber mais detalhes e ele explicou que 1961 tinha sido um ótimo ano de Pelé no Santos, não entendendo como eu poderia ter escrito que ele não teve uma temporada tão boa assim. Procurei a página que ele citou e encontrei cinco parágrafos, sob o título "Não era só Pelé", informando que em 1961 Coutinho e Pepe tinham sido atacantes quase tão importantes para o Santos do que o camisa 10. Percebi o engano logo de cara.

O ano correto seria 1960. Por um erro de digitação, troquei o 0 pelo 1, e a revisora, obviamente, não pegou, pois se tratava de uma informação tão específica que só mesmo eu, ou outro conhecedor da história do time, poderia detectar.

Minha primeira reação, confesso, foi a de ficar chateado com João Neto – esse era o nome do leitor – pela maneira enfática, quase descortês, como falou ao telefone para anunciar o erro. Porém, pensando melhor, vi que ele estava me ajudando ao perceber uma falha que poderia ser corrigida a partir da segunda edição, mas se perpetuaria caso não me avisasse. Como só tinha um exemplar para consultar, dei-lhe os originais impressos, em agradecimento. Ficamos amigos e, por muitos anos, trocamos informações sobre a história do Santos. O livro teve mais três edições.

Creio ser dispensável citar as muitas situações em que os números são notícia, mas, só para refrescar a memória, lembremo-nos de todos os resultados e recordes esportivos, os índices econômicos, as eleições, as distâncias entre os lugares, as manifestações populares e os grandes desastres. Sim, está provado que não se pode noticiar uma catástrofe sem ao menos dar uma ideia da quantidade de mortos e feridos.

Há, porém, algumas sutilezas no uso dos números das quais o jornalista mais atento poderá se servir para valorizar a matéria. É interessante, por exemplo, ao escrever a biografia de um gênio musical como Wolfgang Amadeus Mozart, lembrar que em 35 anos de vida ele criou 600 composições. Porém, destacar que a primeira delas foi composta aos 5 anos de idade torna a história ainda mais atraente.

Pode-se dizer também que Pelé foi 11 vezes artilheiro do Campeonato Paulista, o que já é extraordinário. Porém, talvez mais espetacular ainda seja o fato de que em duas dessas vezes, em 1957 e 1958, ele ainda era menor de idade (o campeonato de

1958 terminou em 14 de dezembro de 1958 e Pelé fez 18 anos em 23 de outubro, mas antes de seu aniversário já tinha marcado gols suficientes para garantir a artilharia).

Associar as datas aos feitos das personagens retratadas sempre pode gerar boas descobertas. Por exemplo: ao analisar a vida e a carreira de Antônio Wilson Honório, o Coutinho, parceiro de Pelé nas tabelinhas mais famosas do futebol, descobri que ao marcar dois gols na vitória do Santos sobre o Vasco, por 3 a 0, no Pacaembu, na final do Torneio Rio-São Paulo de 1959, Coutinho tinha apenas 15 anos! Nascido em Piracicaba, em 11 de junho de 1943, ele foi o herói daquela final 25 dias antes de completar 16 anos.

## NÃO CONFIE NA SUA MEMÓRIA

CHEGUEI ATRASADO AO VOO para Recife, onde iria comandar a cobertura do torneio Recife Open de tênis, pela revista *Match Point*, e acabei premiado com um lugar na primeira classe. Mais do que isso, fui agraciado com um assento contíguo ao do ator Juca de Oliveira. Bem simpático, ele disse que estava atuando na peça "A morte do caixeiro viajante", de Arthur Miller, coincidentemente o meu texto de teatro favorito. Entusiasmado, passei a tagarelar e disse que o personagem principal era Willy Logman. Juca me corrigiu, dizendo que era Loman. Eu quis insistir e ele, educado mas firme, selou a discussão, dizendo: "Eu estou fazendo esse personagem e você quer saber mais do que eu?"

Anos depois, entrevistando Zito, o maior médio-volante da história do futebol brasileiro, teimei com ele que o Santos venceu a Seleção da Tchecoslováquia por 6 a 4, em um jogo considerado pela imprensa chilena o mais espetacular já realizado no país, no Hexagonal do Chile de 1964. Ele dizia que era 1965. Como jogadores às vezes se enganam, eu ainda teimava, quando ele me olhou bem nos olhos e sentenciou: "Eu sei! Eu estava lá!"

Como deu para notar, minha memória não é tão confiável como eu gostaria. Agora, vou lhe dizer algo sem querer ofender: não confie também na sua, pois boa parte dos erros que um jornalista comete é por não julgar necessário checar algumas informações.

Não sei que processo mental faz que acreditemos piamente em lembranças do passado que depois se revelam diferentes de como sempre a imaginamos. Durante muitos anos eu tive certeza de que meu primeiro dia em um estádio de futebol tinha sido um sábado, no Morumbi, para ver o Santos de Pelé contra o Cruzeiro de Tostão. Alertado por um amigo, pesquisei em um calendário permanente, que aconselho – http://www.portaldafamilia.org.br/apoio/calendario.html –, e descobri que o fato marcante ocorreu em um domingo, 13 de outubro de 1968.

Aliás, essa história de calendário permanente é curiosa e nos permite, rapidamente, descobrir o dia exato de datas importantes. Por exemplo: 7 de setembro de 1822, o dia da Independência do Brasil, era um sábado; 15 de novembro de 1889, dia da Proclamação da República, uma sexta-feira; e 6 de agosto de 1945, em que os Estados Unidos jogaram a bomba atômica sobre a cidade de Hiroxima, uma horrível segunda-feira.

Muitos outros detalhes podem ser obtidos por meio de pesquisa de texto, imagem e vídeo. Hoje, uma simples passada pelo YouTube pode responder a questões sobre personagens e fatos que antes demandariam muita pesquisa. No esporte, apreciar um atleta em ação, sua técnica e temperamento mostra muito mais sobre ele do que páginas de texto.

Em outras situações, porém, dependemos de entrevistas pessoais para buscar as informações. Nesse caso, não arrisque. Teste o gravador/celular antes, preste atenção ao tempo de bateria, à qualidade do som e à dicção do entrevistado. Não adianta gravar e depois não entender o que foi dito.

Se preferir o caderninho, como eu, anote tudo com cuidado, peça para a pessoa repetir o que você não entender bem e não se iniba de pedir que ela soletre as palavras mais difíceis. Após a

LIÇÕES DE JORNALISMO

entrevista, passe o texto a limpo o mais rápido possível, enquanto a história está fresca na memória. Se esperar alguns dias, poderá não entender as próprias anotações ou as frases gravadas. E, quando redigir a matéria, não arredonde o que a pessoa disse, por favor. Aspas são aspas, o que quer dizer repetir *ipsis litteris* o que foi dito. No máximo, corrija um ou outro erro de português, mas não mude conceitos nem palavras.

Quando o Santos completou um século de existência, dei uma entrevista para uma importante revista semanal brasileira. Sabia que, no máximo, usariam uma frase minha, então a preparei antes, a fim de exprimir o que eu queria dizer de modo expressivo. Pois bem. Ao ver a revista publicada, constatei que minha frase abria a matéria. Só que a colocaram na boca do Pelé. A mim creditaram outra, que eu não disse e nunca diria. Esse repórter não anotou a entrevista como se deve.

## DESCONFIE ATÉ DOS ESPECIALISTAS

SEMPRE QUE POSSO, USO a regra de consultar três fontes antes de bater o martelo em uma informação. Em 2007, ao pesquisar para o livro *Donos da Terra*, lançado pela Realejo, com a história do primeiro título mundial do Santos, em 1962, tive uma decepcionante surpresa: cada um dos três sites iniciais em que pesquisei dava um nome diferente para o técnico do Benfica, o time português da final.

O primeiro site, de um tradicional jornal esportivo de São Paulo, afirmava que o técnico era Béla Guttmann, húngaro de origem judaica que levara o time português ao bicampeonato europeu em 1961/62. O segundo, também do Brasil, dizia que o treinador do campeão europeu naquela disputa histórica era o brasileiro Otto Glória, que passou a maior parte de sua carreira em Portugal. E o terceiro site, de um jornal de esportes de Lisboa, apontava o chileno Fernando Riera como o treinador do Benfica naquela decisão.

Provavelmente a maior fama de Béla Guttmann e Otto Glória, que trabalharam em clubes brasileiros, influiu para que fossem lembrados, porém não foi difícil descobrir que, na verdade, o técnico do Benfica naquele confronto símbolo do futebol-arte, que colocou frente a frente Pelé e Eusébio, os melhores jogadores da época, era Fernando Riera, que meses antes tinha dirigido a seleção do Chile, terceira colocada na Copa do Mundo realizada em seu país.

O estrategista Guttmann teve uma influente passagem pelo Brasil, quando conseguiu o título paulista de 1957, com o São Paulo. Otto Glória, em que pese ter trabalhado mais em Portugal, onde dirigiu os grandes clubes e comandou a seleção nacional na conquista do terceiro lugar na Copa da Inglaterra, em 1966, também treinou seis times brasileiros e foi campeão paulista, pela Portuguesa, em 1973, em título dividido com o Santos. Por sua vez, o chileno Riera era um desconhecido dos jornalistas esportivos brasileiros.

Hoje, com a internet globalizando o conhecimento, não há desculpa para publicar uma informação errada. Coleções inteiras de jornais podem ser consultadas pela tela do computador, e basta algum conhecimento de inglês para ir mais a fundo em fatos às vezes tratados superficialmente pela imprensa brasileira.

Outro problema de se acreditar demais nos especialistas é que eles podem criar versões equivocadas de um fato, que, com o passar do tempo, viram "verdades". Percebi isso quando, em 2009, dividi com o jornalista Celso Unzelte a pesquisa e o texto do livro *O grande jogo*, para a editora Novo Século, contando a história dos confrontos entre Santos e Corinthians, a maior rivalidade alvinegra do futebol.

Por não ter sua origem na capital do estado, em que se concentram os outros três grandes clubes paulistas, os maiores estádios, a grande massa de torcedores e a maioria dos formadores de opinião, o Santos e seus feitos costumam ser relegados a um plano secundário. Assim, de tanto ouvir a mesma história, até eu

LIÇÕES DE JORNALISMO

comecei a acreditar que o primeiro título estadual santista, em 1935, só foi conquistado porque o Corinthians não tinha interesse em vencer a partida, pois isso daria o título a seu rival, o Palestra Italia, atual Palmeiras.

Porém, ao pesquisar os arquivos da Federação Paulista de Futebol e os jornais da época, e ouvir a única testemunha do jogo, o atacante Mário Pereira, descobri que o Corinthians ainda teria um jogo a fazer, justamente contra o Palestra Italia, e se derrotasse o Santos e o Palestra, seria campeão. Isso explicava a lotação total do Parque São Jorge na tarde daquele domingo, 17 de novembro de 1935. Como se sabe, o Alvinegro Praiano venceu por 2 a 0, gols de Raul e Araken, e conquistou seu primeiro título estadual na casa do maior adversário.

## ESCREVA COM O DICIONÁRIO AO LADO

AO CONTRÁRIO DOS QUE defendem que escrever com o dicionário do lado só serve para produzir textos pretensiosamente eruditos, considero esse hábito uma regra de ouro para a redação precisa e fluente. Ao lidar com um idioma riquíssimo, como o português, com mais de 600 mil palavras, seria muita pretensão confiar na memória para redigir uma boa matéria, ainda mais quando o tempo é curto.

Para o comunicador, a maior utilidade do dicionário não é revelar sinônimos difíceis, pois uma das virtudes do texto jornalístico é justamente ser coloquial, simples, ainda que elegante. Sua maior serventia é a de tirar dúvidas e nos trazer, em pouco tempo, o termo certo para cada situação.

Antes, toda redação que se prezasse tinha ao menos um exemplar, geralmente carcomido, do *Novo Dicionário Aurélio*, o popular "Aurelião", obra de fôlego de Aurélio Buarque de Holanda Ferreira, eminente lexicógrafo, filólogo, professor, tradutor, ensaísta, crítico literário e membro da Academia Brasileira de Letras.

Todos costumavam consultar o Aurelião, em respeito ao bom texto – que, depois de redigido pelo repórter, passava pelo copidesque, às vezes também pelo editor e, por fim, obrigatoriamente, pelo revisor. Este era o especialista do idioma, aquele que tratava de corrigir os equívocos que as etapas anteriores deixavam passar. Trabalhando em dupla – um lia e o outro checava palavra por palavra –, os revisores eram os profissionais mais precisos do jornalismo. Estou escrevendo no passado porque, infelizmente, eles foram abolidos das redações. Sobrevivem como frilas em editoras de livros, algumas revistas e publicações especiais, mas nunca mais veremos dezenas deles garimpando, silenciosamente, os espinhos que ferem o texto.

Eram tempos de tal excelência no jornalismo diário que textos do *Jornal do Brasil* e do *Jornal da Tarde* eram analisados em exames vestibulares. Hoje, devido à imprecisão das matérias jornalísticas, isso seria impossível.

Não há mais para-choque para amortecer o desastre. Hoje todo jornalista deve se considerar o revisor do próprio texto. Convivi com essa realidade a partir de 1982. Editor de revista segmentada passou a ser sinônimo, também, de redator e revisor. Deixássemos passar um erro, ele se eternizaria.

Como diz meu irmão, Marcos Magno, editor de arte, o leitor não quer saber se você teve um minuto ou um ano para escrever um texto, ele o julgará pelo que está escrito. Por isso, além de escolher as palavras certas, arrume um tempo para reler o que escreveu. Você verá que alguns minutos a mais colocarão seu texto em outro patamar.

Se antes a última esperança de uma matéria sem erros era o revisor, hoje, para muitos, é o corretor ortográfico. Ora, isso é uma enorme temeridade, pois ele não descobrirá, por exemplo, se ao se referir a um delito você quis dizer flagrante, de evidente, ou fragrante, de perfumado. Um erro de digitação que troque o "l" pelo "r" e todo o texto se perderá.

É preciso tomar muito cuidado com os parônimos, essas palavras parecidas na pronúncia e na escrita, mas com significados

LIÇÕES DE JORNALISMO

diferentes, tais como: infringir (aplicar pena) e infligir (violar, desrespeitar); comprimento (extensão) e cumprimento (saudação); absolver (perdoar, inocentar) e absorver (aspirar, sorver).

Para complicar, volta e meia Brasil e Portugal assinam um acordo ortográfico que muda a forma de se escrever. O último deles, obrigatório desde 1º de janeiro de 2013, diz, por exemplo, que palavras como jiboia, estreia, paleozoico, diarreia e asteroide não têm mais acento agudo, pois este não deve mais ser usado nos ditongos (encontro entre duas vogais na mesma sílaba) *ei* e *oi* das palavras paroxítonas, em que a penúltima sílaba é pronunciada mais forte.

Diante de tudo isso, não dá para escrever sem um dicionário do lado, dá? E o melhor é que não é mais preciso folhear o Aurelião. Há bons dicionários on-line. Basta escolher um deles e deixá-lo, permanentemente, entre seus sites favoritos.

## A PRECISÃO ESTÁ NOS DETALHES

ASSIM COMO NÃO SE consegue conhecer um país apenas voando 11 mil metros acima dele, mas sim andando por suas ruas, ouvindo sua língua e conhecendo seu povo, a busca de detalhes é que torna a matéria mais precisa, além de muito mais colorida.

Criados na profissão lendo os artigos do jornalista e escritor norte-americano Gay Talese, especificamente aqueles publicados em seu livro *Aos olhos da multidão*, nós, focas do *Jornal da Tarde* dos anos 1970, nos acostumamos a apreciar textos recheados de pormenores.

*Aos olhos da multidão*, nossa bíblia, era uma seleção de perfis que Talese escrevera para a revista *Esquire*, publicados em 1961 com o título de "Fame and obscurity" e lançada no Brasil em 1973 pela Expressão e Cultura.

Em uma matéria sobre o trânsito de São Paulo, a assessoria de imprensa do Departamento de Operação do Sistema Viário

(DSV), forneceu-me calhamaços de dados sobre o assunto. Como eu sabia que para o *Jornal da Tarde* o que importava era o chamado interesse humano, cheguei os pontos de maior incidência de atropelamentos na cidade e fui conferir de perto o primeiro deles.

Ficava no Centro, em uma travessa da avenida São João, onde o sinal verde permanecia tão poucos segundos aceso para o pedestre que este só conseguia atravessar no tempo previsto se corresse. Consequentemente, as pessoas invadiam também o sinal vermelho, o que causava os atropelamentos. A matéria acabou provocando mudanças no sincronismo dos semáforos.

Dois anos depois, na abertura dos Jogos Pan-Americanos de Porto Rico, minha pauta era falar do desfile inaugural, das autoridades, dos discursos etc. Mas, na procura de detalhes, fui ao local onde estavam os cestos com os pombos que fariam a revoada. Descobri quantos eram, de onde vinham, quem os criava e para onde iriam depois do voo. Escrevi também sobre os outros fatos, claro, ressaltando a vaia tomada pelo governador de Porto Rico, mas dei destaque aos pombos, e acho que o texto ficou melhor assim.

Oferecer o detalhe ao leitor dá a ele a sensação de mergulhar na notícia, de ir mais fundo nela do que iria se a acompanhasse por outro veículo. Ao entender os pormenores, esse leitor também acaba tendo uma visão melhor do todo e se sente mais bem informado.

Há, ainda, o aspecto do colorido, do enriquecimento à matéria que essas particularidades trazem. Uma coisa é dizer que tal celebridade aprecia tomar vinho italiano, cria um cachorrinho e gosta de plantas ornamentais. Outra é informar que ela não deixa faltar em sua adega o tinto italiano Tenuta San Guido, tem o hábito de conversar com seu yorkshire dourado de 5 anos e no seu jardim prefere plantas ornamentais de origem asiática, como o bambu-mossô (*Phyllostachys pubescens*) e o bambuzinho-amarelo (*Bambusa gracilis*).

Gosto de imaginar que o redator é um cineasta, apresentando a matéria como se desvendasse uma película. A descrição fide-

LIÇÕES DE JORNALISMO

digna do cenário e das personagens é importante para o entendimento do texto. Por isso, sempre que possível, evite generalizar. Não basta dizer, por exemplo, que alguém vestia uma calça verde e uma camisa azul. Saiba que existem 26 tonalidades diferentes de verde e nada menos do que 111 tons de azul!

Entenda que o objetivo de dar ao leitor a visão mais realista possível, a preocupação de lhe passar as minúcias de um fato jornalístico serão recompensadas com uma grande dose de gratidão e confiança. Ao perceber que houve um trabalho, um esforço para lhe oferecer mais do que o mesmo de sempre, ele se sentirá respeitado e terá mais prazer de ler o seu texto.

Creio que esse respeito é da mesma natureza daquele gozado pelos jornalistas estatísticos, esses que preenchem suas notícias com números e porcentagens. Há alguns anos, muitos deles nem seriam cogitados para trabalhar no rádio ou na tevê, pela falta de uma voz mais sonora, ou mesmo de uma boa dicção, mas hoje são comuns, justamente por transmitirem essa credibilidade que vem com seu religioso trabalho de pesquisa.

Não creio que números sejam mais importantes do que pessoas, mas, admito, eles explicam muita coisa. E, para levar uma informação precisa ao leitor, eles também são essenciais.

# 5 Empatia

AS MELHORES MATÉRIAS SÃO AQUELAS NAS QUAIS O JORNALISTA
SE IDENTIFICA COM O ASSUNTO. NÃO É PRECISO QUE SE APAIXONE POR ELE,
MAS É IMPRESCINDÍVEL SENTIR, AO MENOS, ALGUMA AFINIDADE.

## DEFEDERICO NA *FOURFOURTWO*

LOGO QUE SOUBE QUE o jornalista Sergio Quintanilha tinha lançado a versão em português da revista inglesa *FourFourTwo*, senti um misto de nostalgia, curiosidade e apreensão. Enviei um e-mail a ele, a quem não conhecia pessoalmente, oferecendo-me para lhe contar as experiências com a minha *Revista do Futebol*. Quem sabe não poderia ajudá-lo a evitar os erros que cometi e escolher o caminho certo para a sua bela e bem editada revista, que chegava à nona edição em setembro de 2009.

Surpreendentemente, pois jornalistas, ainda mais quando empresários, costumam agir com irritante autossuficiência, Quintanilha me chamou para um papo. Sua editora, a Cadiz, tinha também uma revista de turismo e uma de presentes, todas belíssimas. A redação, muito bem montada, ficava na rua Alexandre Dumas, Chácara Santo Antônio.

Resumi minha experiência como dono de uma revista similar à dele e lhe ofereci meu acervo. A *FourFourTwo* tinha uma seção em que falava de ídolos do passado e eu detinha os direitos autorais de alguns perfis muito bem escritos, publicados na *Revista do Futebol*. Seria um prazer reavivar aqueles textos e oferecê-los aos seus leitores. Aparentemente surpreso, ele aceitou minha oferta.

A conversa tomou outro rumo, porém, quando Quintanilha disse que já conhecia meu trabalho e achava que eu poderia fazer a matéria de capa da edição seguinte da *FourFourTwo*: um perfil do jogador Matías Defederico, da Argentina, que estava sendo contratado pelo Corinthians. Como todo repórter adora fazer matérias de capa, aceitei na hora, lisonjeado.

Marquei com a assessoria de imprensa do clube e, de metrô, fui ao Parque São Jorge. Caminhei pelas ruas do bairro, atravessei uma feira livre, reparei nas pessoas, imaginei como seria a vida naquele lugar. Cheguei mais cedo e fiquei esperando no velho estádio abandonado, relembrando jogos e situações históricas passados ali. Será que o garoto Defederico, 20 anos, entenderia exatamente o seu papel naquele clube tão popular, e saberia exercê-lo?

Após conversar com o tímido meia-atacante que viera do Huracán, juntei a pesquisa sobre sua carreira, as minhas impressões, e fiz um texto baseado na dúvida que pairava sobre sua contratação: seria ele capaz de ser amado pelos corintianos tanto como fora Carlito Tévez, o argentino que comandou o time no título brasileiro de 2005?

Publicado em uma matéria de seis páginas, meu texto agradou ao Quintanilha de tal forma que, antes mesmo de ir às bancas, ele me convidou para ser o editor da revista. Corintiano, achou que eu percebi a alma do torcedor do time, suas esperanças e inquietações.

Para alguém que se acostumou com a labuta diária em jornais e rádios, a rotina em uma revista mensal está longe de ser estafante. Assim, esticando o expediente aqui e ali, consegui conciliar a edição da *FourFourTwo*, dividida com o próprio Sergio Quintanilha e o jornalista Ricardo Tito, com o trabalho de pesquisa para o dossiê que provocaria a unificação dos títulos brasileiros de futebol a partir de 1959.

Nas edições seguintes, fiz matérias de capa com Vágner Love, do Palmeiras, e com Hernanes, do São Paulo. Para cada uma, utilizei o mesmo processo de pesquisar antecipadamente o histórico do jogador e do time, sentir a expectativa do torcedor e me deixar absorver pelo ambiente do clube. Mesmo torcedor do

Santos, creio que tenha conseguido me identificar com as personagens e fazer boas matérias.

Infelizmente, porém, seguindo o destino de todas as revistas de futebol publicadas no Brasil, a *FourFourTwo* deixou de ser impressa no primeiro semestre de 2010. Quintanilha, eu, Ricardo e todos os envolvidos fizemos o possível para mantê-la viva, mas o mercado editorial tem leis insensíveis aos sonhos dos jornalistas.

A *FourFourTwo* me ensinou que ainda há jornalistas generosos, mesmo entre os empreendedores, e também reforçou em mim a confiança de que, como um bom ator, posso me colocar na pele de qualquer personagem, qualquer leitor, e descrever, como se fossem meus, seus sonhos e suas paixões.

## A VOLTA DE SERGINHO CHULAPA

No começo de 1978, o centroavante Sérgio Bernardino, o Serginho Chulapa, 24 anos, um negro alto e forte que sabia usar o corpo para proteger a bola e tinha um chute potente com a perna esquerda, era o principal jogador do São Paulo e nome certo para a Seleção Brasileira que no meio do ano jogaria a Copa do Mundo. Porém, em um domingo de fevereiro, ele teve um gol anulado no último minuto contra o Botafogo de Ribeirão Preto, chutou o bandeirinha Vandevaldo Rangel e o mundo caiu sobre sua cabeça.

Dias antes do julgamento que o suspenderia por 14 meses e o tiraria da Copa da Argentina, fui escalado para ouvi-lo na Casa Verde, bairro de classe média baixa da zona norte de São Paulo, onde morava com os pais. Como ele ainda não estava, fiquei conversando com seu pai, que me contou histórias do tempo em que o filho era um ponta-esquerda de sucesso em um time de várzea do bairro. Fiquei sabendo, ainda, que Serginho, antes de se tornar jogador profissional, era santista.

Conversei também com Sônia, a irmã do artilheiro, que tinha um álbum de fotos do irmão e estava convicta de que ele era inocente. Quando Serginho chegou, humilde e simpático, tentou nos convencer – a mim e ao fotógrafo – de que não tinha chutado o bandeirinha. Pouco depois, porém, a tevê ligada na sala mostrou novamente a cena e, decepcionada, Sônia apenas exclamou um "Oh, meu Deus!" e foi para o quarto.

Como eu cobria o São Paulo, fui designado para acompanhar o calvário do atacante enquanto ele não podia retornar ao time. Nesse período, fiz uma matéria sobre o seu trabalho temporário de vendedor de carros em uma concessionária do ex-goleiro Gylmar dos Santos Neves, que, num gesto elogiável, resolveu ajudar na recuperação do ídolo são-paulino.

Mesmo sem Serginho, o São Paulo foi campeão brasileiro de 1977, em final contra o Atlético Mineiro, jogada em março de 1978, no Mineirão. A conquista veio na disputa de pênaltis, após um jogo sem gols. Nem o título tão importante, porém, fez o são-paulino esquecer o seu artilheiro, cuja volta era esperada com ansiedade.

Um recurso abreviou a suspensão em três meses e o São Paulo anunciou que Serginho voltaria aos campos em 28 de janeiro de 1979, contra o Santos, no Morumbi, pelo Campeonato Paulista. Os dias que antecederem sua reestreia foram cercados de expectativa. Ao acompanhar seu drama e o de sua família, eu simpatizara com Serginho, com seu jeito espontâneo, e torcia para que ele voltasse a jogar bem, mantivesse sua carreira e não aumentasse as estatísticas de jogadores brasileiros que viveram momentos de glória, mas terminaram na miséria.

O Santos tinha um grande time, com veteranos experientes mesclados com jovens atrevidos, e terminou o primeiro tempo vencendo por 2 a 0, gols do rápido Juary. Logo no início da segunda etapa, porém, Serginho iniciou uma arrancada irresistível e só foi parado com uma falta violenta, que fez o árbitro Roberto Nunes Morgado apontar imediatamente para a marca de pênalti.

O próprio Serginho cobrou a penalidade, com força, e marcou para o São Paulo.

Mas o Santos continuou melhor e marcou mais dois gols, em pênaltis cobrados com maestria por Ailton Lira no goleiro Waldir Peres, vencendo por 4 a 1. O curioso é que, quando penso nesse jogo, a sensação que me vem é a alegria de relembrar a jogada e o gol de Serginho, apesar da irregularidade do lance, já que a falta foi feita quase um metro fora da área, e de eu torcer para o Santos desde criança. Acho que esse sentimento prova que naquele dia eu torcia mais pelo Serginho do que pelo Santos, ou que a maior paixão de um jornalista é mesmo a própria matéria.

Sem deixar de ser brigão e polêmico, Serginho Chulapa foi campeão brasileiro pelo São Paulo em 1982, ano em que foi titular da Seleção Brasileira na Copa da Espanha, ao lado de craques como Zico, Falcão e Sócrates. Em 1983, finalmente foi transferido para o Santos, seu time do coração, pelo qual foi vice-campeão brasileiro de 1983 e campeão paulista de 1984, marcando o gol do título na vitória sobre o Corinthians.

## TUBOS E CONEXÕES

Já sabemos que para produzir um bom texto é aconselhável que o autor se identifique com o assunto, que o conheça, goste, ou ao menos sinta alguma empatia por ele. O ideal seria se apaixonar. Mas como se apaixonar por tubos e conexões?

Em 1997, um ano após escrever a biografia do jogador de basquete Oscar Schmidt, recebi um convite do editor Erlon Marcos Kirst para uma reunião com Marino Lobello, dono da Editora Prêmio, que me falaria de um livro já em andamento.

Marino estava preocupado com um livro que ele tinha se comprometido a entregar para a Hansen Industrial, empresa de Joinville famosa por liderar o mercado de tubos e conexões de PVC, produtos dos quais era pioneira no mercado.

— Contratamos uma especialista, que escreveu o primeiro capítulo, mandamos para eles e não aprovaram. A autora da casa reescreveu o capítulo, enviamos para eles, mas também não aprovaram. Acho que temos só mais uma chance. Se não aprovarem de novo, perdemos o livro e a verba. O Erlon disse que você escreve bem. Quer experimentar fazer?

Marino foi curto e grosso. Adiantou também que já tinha gastado a maior parte do orçamento e só poderia me pagar um valor que, ele sabia, estava bem abaixo do mercado. Para variar, aceitei na mesma hora. Primeiro, porque escrever livros é um prazer; depois, porque seria um grande desafio.

Dei uma olhada no que já tinha sido feito e, após alguns minutos de leitura concluí que o texto estava muito técnico, chato mesmo. Provavelmente estivesse correto com relação às informações, mas focava demais na indústria e nos produtos. Imaginei que aquele fora o motivo de ele ser rejeitado pela diretoria da Hansen. Pedi à Prêmio que me enviasse as fitas de áudio com as entrevistas e também o material usado nas pesquisas. Tinha algo em mente...

Como expliquei para o Marino e o Erlon, não acreditava que, com exceção de técnicos e engenheiros, e talvez nem eles, houvesse leitores que se interessassem por uma obra tão hermética, que carregasse tanto nas informações técnicas.

— Por trás de uma empresa há o sonho de um homem. Acho que o caminho é esse — anunciei, e percebi olhares de aprovação nos meus interlocutores.

Ao receber o material não aproveitado, descobri o que queria. A Hansen Industrial era o resultado da visão e da ousadia do jovem João Hansen Júnior, que aos 25 anos, em 1941, comprou uma fábrica de pentes de chifre de boi, acabou perdendo mercado para os produtos de plástico, aderiu ao novo material e, em uma viagem à Europa, acabou descobrindo o uso do PVC para produzir tubos e conexões, um verdadeiro tabu para a época, pois todo encanamento era feito de metal.

Capítulo pronto, entreguei-o ao Marino e fiquei na expectativa. Alguns dias depois, veio a resposta, por telefone:

— Disseram que, se todo o livro for assim, pode fazer o resto.

Não havia tantos detalhes humanos para manter a obra toda exatamente no mesmo ritmo do primeiro capítulo, mas fiz o que pude. Notei que as pesquisas para criar um material que suportasse a pressão da água e os esforços para formar mão de obra qualificada na região de Joinville eram outros trechos interessantes da história. Segui essa linha e creio que tenha dado certo, pois o texto foi entregue no prazo, o livro, publicado, e me pagaram o prometido.

Lembro-me desse caso ao falar sobre empatia porque, em princípio, não senti quase nenhuma afinidade com o assunto. Sempre fui aluno sofrível em ciências exatas e jamais me interessei por engenharia ou questões industriais. Entretanto, a partir do momento em que consegui levar o foco do livro para o lado humano, do qual gosto e aprendi a trabalhar melhor nos tempos de *Jornal da Tarde*, tudo ficou mais simples.

As máquinas, os produtos, a produção ficaram em segundo plano; em primeiro vieram os anseios e as aspirações de João Hansen. Falecido em 1995, João já havia deixado o controle da empresa para seu único filho, Carlos Roberto Hansen, que, no entanto, morreu em acidente aéreo em 1994. Quando escrevi o livro, Amaury Olsen era o presidente.

## O PÃO QUE DEU FRUTOS

O QUE VOCÊ SENTIRIA se fosse o escritor oficial de uma editora de livros de arte, ou *coffee table books*, no caso a Magma Cultural, e depois de autor de uma obra preciosa sobre o Pelé – *Segundo tempo, de ídolo a mito* –, lançada na presença da imprensa internacional e do Rei do Futebol em pessoa, um belo dia chegasse para trabalhar e ouvisse de seu diretor: "Odir, agora você vai escrever um livro sobre a Associação dos Panificadores de São Paulo"?

Confesso que, se pudesse escolher, associações e sindicatos não estariam entre meus temas favoritos. Ocorre que, como eu mesmo gosto de repetir, o jornalista/autor precisa se apaixonar pelo assunto se quiser fazer um bom trabalho e, como profissional, eu não tinha alternativa a não ser tentar gostar da Aipan, a Associação das Indústrias de Panificação e Confeitaria de São Paulo, que completava 100 anos em 2015.

Um dia, ainda no ginásio, uma colega que estudava astrologia disse que meu signo, Virgem, era o do trabalho. Perguntei a ela se ficaria rico de tanto trabalhar: ela respondeu que não. Quis saber se, ao menos, me tornaria famoso, ela também disse que não, e reforçou: "É o signo do trabalho, Odir!" Está bem. Então, com 16 anos, conformei-me de que teria uma vida de lidas e labutas e deveria agradecer aos céus porque, ao menos, não me faltaria o que fazer.

Bem, o primeiro passo diante de uma tarefa que não lhe parece tão agradável é respirar fundo e analisar todos os lados da questão. Sempre há ao menos um mais favorável, que pode suavizar o fardo. Em conversa com os diretores da Magma, soube que o pessoal da Aipan não tinha ideia exata de como deveria ser o livro e estava aberto a sugestões. Isso sempre é um bom sinal. Dias depois, Luiz Felipe Moura, diretor da Magma, levou uma proposta de capítulos que foi totalmente aprovada pelo cliente.

Na proposta, macrocapítulos falavam da história do pão, da padaria, dos panificadores e da Aipan. Havia também receitas de pães e confeitos, depoimentos de sindicalistas e de gente importante. Bem, o esqueleto do livro estava aprovado, era preciso preenchê--lo. Até ali eu não entendia nada do assunto e, por isso, decidi passar meus dias na biblioteca da Aipan, no centro da cidade.

Com a leitura dos livros e as primeiras entrevistas com o pessoal da Associação, revelou-se um enredo simples, mas fundamental. Ao saber que a história do pão se confunde com a próspria evolução da humanidade, que ele tanto protagonizou a política populista dos imperadores romanos como provocou a Revolução Francesa; que todos os povos têm seus pães; que bastam farinha, fermento e água para, como disse um diretor da Aipan, "alimentar o mundo", e que a história social de São Paulo se formou em torno das padarias de italianos e, depois, dos incansáveis portugueses, é impossível não perceber a dimensão de tema tão relevante.

Mesmo a existência da Aipan estava cercada de heroísmos, pois durante anos os padeiros lutaram contra o demagógico tabelamento de preços imposto pelo regime militar. A saída foi diversificar o negócio, aumentando a oferta de produtos e serviços, o que tornou a padaria paulista um modelo próspero e moderno, copiado na Europa e nos Estados Unidos.

Enfim, foi possível contar a história do pão, da padaria, da Aipan e ainda incluir muitas receitas de pães e confeitos em uma obra lindíssima, com capa e projeto gráfico de Clero Ferreira de Morais Júnior e coordenação de Vera Ruthofer, da Aipan. Batizado de *Bravos panificadores: a história dos 100 anos da Aipan*, o livro ficou, como costumo dizer, "redondinho", com tudo no seu lugar, e agradou plenamente ao senhor Antero José Pereira, o exigente presidente da Aipan.

Sinto-me feliz por ter tido a oportunidade de entender a importância desse alimento essencial para o homem. De ignorante no assunto, tornei-me quase um especialista. Tanto que, quando a TV Record resolveu fazer uma série especial sobre o pão, o pessoal da Aipan me indicou como a pessoa mais preparada para contar a história do sagrado alimento.

## NA PELE DO *QUALIFIER*

NÃO HÁ REPORTAGEM QUE exija maior identificação do jornalista com o assunto do que aquela em que ele se coloca no lugar do personagem, vivendo ao seu lado os sobressaltos que podem levar, ou não, a um final feliz. Como subeditor da *Revista Tênis*, sugeri uma matéria assim para a edição de março de 1986, e lá fui com o fotógrafo Saulo Mazzoni viver de perto o drama dos tenistas em busca de um lugar ao sol.

O mundo do tênis vai do céu ao inferno. O céu, todos conhecem, são esses torneios com prêmios milionários e tenistas que mais parecem astros e estrelas de cinema. Mas há o inferno: os torneios menores, cujos prêmios mal pagam as despesas, disputados por jogadores sem dinheiro, sem patrocínio e, às vezes, sem pontos no ranking mundial. A busca desses pontos, que vai colocá-los na lista da Associação de Tenistas Profissionais, é que os motiva.

Mas mesmo para entrar na chave desses torneios pequenos é preciso ter pontos no ranking, ser convidado pelos organizadores ou conseguir uma das poucas vagas oferecidas por um torneio qualificatório, o terrível *qualifying*. A fim de contar esse drama é que Saulo e eu chegamos pela manhã à casa de Raul Ranzinger, garotão de 17 anos, 1,90 m, que iria com o amigo Ricardo Pereira tentar a sorte no *qualifying* da etapa de Ribeirão Preto do Circuito Satélite Vat 69.

> Deu a derradeira olhada no pôster do Iron Maiden – e em muitas outras caras coloridas e bocas escancaradas espalhadas pelas paredes de seu quarto, num apartamento do Morumbi – porque eram 13h30 e dali a meia hora teria de se encontrar com Ricardo Pereira, 18 anos, colega na luta por um lugar ao sol no feroz tênis profissional.

Como sombras, ou fantasmas, Saulo e eu pudemos acompanhar o que faziam, o que falavam, o que esperavam de seus jogos na Sociedade Recreativa de Ribeirão Preto. Seguimos com eles até a rodoviária, tomamos o mesmo ônibus, ficamos no mesmo Hotel Barão.

LIÇÕES DE JORNALISMO

O quarto tinha banheiro no corredor, mas sua diária era Cr$ 88 mil, CR$ 52 mil a menos do que a do apartamento – e esse foi o motivo determinante da escolha. Na hora de preencher a ficha, uma dúvida: profissão? "Vamos pôr tenista profissional", decidiu Ricardo.

No dia seguinte, após o café com leite e o pão com manteiga, fomos com eles viver a tortura da chamada para a chave. Tenistas se amontoavam à espera de ouvir seu nome. Felizmente, Raul e Ricardo teriam a sua chance. Raul enfrentaria Luís Nascimento, 19 anos, de quem já havia perdido antes, e Ricardo jogaria contra o carioca Domingos Venâncio, 24 anos.

Um repórter deve se manter neutro, mas confesso que, silenciosamente, torci pela vitória dos dois. Ricardo esteve mais perto dela, e só perdeu no *tie-break* do terceiro set, quando passou a sentir dores nas costas a cada saque e *smash*. Raul teve 5/2 no segundo set, mas acabou derrotado por 6/2 e 7/5.

Raul e Ricardo já poderiam ir embora. A eles nada mais restava. Mas resolveram ficar mais uma noite. Para pegar um baile no clube e conviver um pouco mais com aquele ambiente onde, esperam, um dia serão olhados como reis. Jantaram com Jaiminho Oncins e Edson Raw, e a forma como o primeiro, sempre brincalhão, parecia aceitar a derrota deixou Raul menos acabrunhado.

A matéria contou, também, com a visão dos organizadores do torneio, a opinião dos tenistas mais experientes – como o brasileiro Ivan Kley e o boliviano Ramiro Benevides, que já chegavam para a chave principal –, abriu espaço para as queixas e reivindicações de muitos e acabou por dar, em cinco páginas, um panorama bem real daquele mundo de ilusões.

O editor queria o título "Sangue, suor e lágrimas". Achei muito previsível, mas ele argumentou que era o que dava no tamanho. Consegui, ao menos, mudar uma palavra e troquei sangue por sonho.

Foi só o ônibus pegar a estrada e caíram em sono profundo. Nem perceberam quando, ao final da viagem, o céu tornou-se cinzento e a chuva começou a entrar pela janela. Só foram acordados na rodoviária, ainda mais cheia e insuportável do que quando partiram.

## DE IATES A *WORKAHOLICS*

A PARTIR DE 1988, durante quase dez anos, minha atividade principal foi trabalhar na Ampla Comunicação, empresa de assessoria de imprensa que abri com o jornalista João Pedro Bara, depois substituído por Luciana Ribeiro. Nesse período, atendemos cerca de 120 clientes, de restaurante francês a empresa de automação industrial, de estaleiro de iates a consultório de psiquiatria. No entanto, havia um ponto comum entre todos eles: se aceitamos assessorá-los, é porque sentíamos empatia pelo que faziam.

Para saber até que ponto entenderíamos a empresa e nos identificaríamos com ela, reservávamos o primeiro mês de contrato para esse reconhecimento. Se era uma indústria, tornava-se obrigatório passar um tempo no chão de fábrica, acompanhando a produção, ouvindo técnicos e operários, tirando dúvidas.

É evidente que era mais agradável provar o cardápio do bistrô L'Affiche e seu delicioso *lapin a la moutarde*, ou organizar um torneio de tênis para jornalistas no Hotel Fazenda Duas Marias, ou ainda levar repórteres mergulhadores para um fim de semana em Ilhabela, por conta do Projeto Acqua, mas nos dedicávamos ao nosso mister com o mesmo afinco, qualquer que fosse ele.

Ao proporcionar aos jornalistas a oportunidade de conhecer melhor nossos clientes e a área em que atuavam, naturalmente conseguíamos dos veículos um retorno maior para nossos relises e sugestões de pauta. Criamos um círculo virtuoso: quanto maior o conhecimento, maior a empatia e o retorno. Isso gerava uma relação de grande confiança entre nós e os clientes. Alguns nos ouviam como se fôssemos também especialistas em marketing.

LIÇÕES DE JORNALISMO

Lembro-me, por exemplo, de que me incomodei com os nomes que a Brasinca Veículos queria dar aos seus dois novos lançamentos. Como tínhamos fácil acesso à direção da empresa, sugeri que invertessem os nomes e chamassem o modelo urbano de Andaluz e o rural de Quarto de Milha. Parecia atrevimento de um mero assessor de imprensa, mas me ouviram e fizeram a mudança.

Em outra oportunidade, na busca inglória de ganchos para divulgar a clínica de psiquiatria Equipsi, do doutor Sérgio Vieira Bettarello, descobri que um recente congresso na área, em Paris, tinha discutido um distúrbio que vinha acometendo um número cada vez maior de pessoas, que poderia ser vulgarmente traduzido como "vício em trabalho". Gostei da história, pesquisei sobre o assunto, entrei em contato com a produção do "Fantástico" e passei tudo mastigado para a repórter Helena de Grammont. Assim surgiu a matéria que popularizou o termo *workaholic* entre os brasileiros.

O trabalho como assessor de imprensa me obrigou a aprender sobre várias áreas que, do contrário, provavelmente não teriam chamado minha atenção. Escrevi sobre iates para a Tecnomarine; vestidos de noiva para a lavanderia Lavita; câmaras refrigeradas para a Mecalor; rodas de liga leve para a Scorro; recursos humanos para a Hicon; *walk machines* para a Hatsuta Industrial, sem contar competições esportivas, que já faziam parte do meu metiê. Com o tempo, assuntos novos significavam um desafio que me atraíam. Mas havia limites...

Um dia, fui chamado para uma elegante clínica de tratamento estético. Logo na sala de espera, reparei no luxo e no conforto. Um médico que parecia um príncipe saído de um banho de perfume francês me recebeu. Falou de sua técnica revolucionária para rejuvenescer pessoas por meio de um produto à base da placenta, se não me engano de carneiro, que atuava igualmente na derme e na epiderme do paciente.

Ouvi com atenção, anotei o máximo de informações que pude, olhei bem nos olhos do médico, mas em nenhum momento acreditei em suas palavras. Já tinha lido alguma coisa sobre o tal método e havia suspeita de que não passasse de um placebo, naturalmente inútil, mas muito caro.

Ao perceber meu desconforto, sem que eu tocasse no assunto, o príncipe perfumado deu a entender que dinheiro não era problema, pois estava disposto a investir uma soma razoável na divulgação de sua clínica e do produto. Agradeci sua oferta e fui embora.

# 6 Abnegação

O JORNALISMO TEM UM QUÊ DE SACERDÓCIO. EXIGE SACRIFÍCIOS, PERSISTÊNCIA, ALTRUÍSMO E SUPERAÇÃO DE NOSSAS TENDÊNCIAS EGOÍSTAS. SÓ OS ABNEGADOS PERSISTEM E TRIUNFAM NA PROFISSÃO.

## VOCÊ ACEITA TRABALHAR DE GRAÇA?

NÃO LEMBRO EXATAMENTE QUANDO decidi ser jornalista, mas me recordo bem de uma história que contava para explicar por que a única saída, para mim, era essa profissão: como poesia não dava dinheiro e eu não queria ser escrivão de polícia, para viver de escrever só me restava o jornalismo.

Na verdade, almejava ser escritor, mas sabia que esse era um sonho distante, que demandava tempo e experiência. Jornalismo estava mais acessível e, se começou a ganhar corpo com o jornal de colégio *O Gil*, pareceu mais próximo quando, no caminho de casa, reparei em uma placa no primeiro andar de um prediozinho de salas comerciais, que dizia: "Mini Jornal".

Fui até lá no dia seguinte, subi as escadas do prédio sem porteiro e encontrei aberta a porta do jornal. Na sala, minúscula, com uma mesa pequena de madeira e duas cadeiras, um casal conversava. Humilde, eu sabia que não poderia pedir emprego de repórter logo de cara.

— Vocês estão precisando de revisor? — perguntei.

O homem olhou para a mulher antes de responder.

— Estamos, mas tem um problema...

A sequência da frase demorou alguns segundos...

— É que nós não temos dinheiro. Você aceita trabalhar de graça?

— Aceito — respondi.

Brinco que, desde então, trabalhar de graça virou um hábito para mim. De qualquer forma, em questão de segundos consegui meu primeiro emprego em um jornal de verdade. O *Mini Jornal* era um tabloide mensal distribuído em Cidade Dutra, Rio Bonito e bairros próximos. Falava das coisas da região, mas não tinha uma linha editorial definida. Creio que o Érico – era esse o nome do proprietário – queria mesmo era vender muitos anúncios e levar sua mulher para jantar fora, como ele dizia que fazia o amigo do qual ele comprara o jornal.

Como o Érico não escrevia, e trabalhava à noite, em uma companhia aérea, o que o obrigava a descansar durante o dia, logo de início eu me tornei repórter, redator, pauteiro, editor, vendedor de anúncios, cobrador e, é claro, também revisor. Posso ter começado sem salário, mas acho que poucos caras de 18 anos aprenderam tanto da prática do jornalismo como eu.

Fiz matérias com as sociedades de amigos de bairro, visitei delegacias para notícias policiais, convidei um colega para escrever sobre automobilismo no Autódromo de Interlagos... Confesso que até o horóscopo eu fazia, e algumas pessoas juravam que ele estava certinho.

Trouxe meu irmão, Marcos, 15 anos, para me ajudar. Convidei o amigo Luis Antonio Formoso, que tinha um jipinho, para ser o contato comercial. A coisa começou a andar. Vendo meu esforço, Érico me ofereceu 35% do lucro da empresa. Para quem não ganhava nada, era um aumento e tanto. Só que no primeiro mês o jornal não deu lucro. Ganhei 35% de nada.

Sem tempo para o negócio e preocupado com as crises de bronquite asmática da mulher, Érico deixou o jornal na minha mão. Gaúcho de estatura mediana, troncudo e decidido, ele enfrentava as dificuldades com coragem e demonstrava um otimismo que me fazia bem. Um dia, de volta do *Deutsch*, o jornal alemão, na Liberdade, que imprimia o *Mini Jornal*, ele me disse que esse negócio de jornalismo era um bichinho que entrava no sangue e não saía mais.

Pouco depois, o Érico vendeu o *Mini Jornal* para o Amorim e o Bremen, sócios de uma agência de empregos. Continuei "ganhando" 35% do lucro para ser o faz-tudo. Passei também a contratar a Kombi, alguns garotos, e coordenar a distribuição do jornal para bairros mais distantes, chegando a Parelheiros de um lado e Jardim Ângela do outro.

Mais ambiciosos, os novos sócios decidiram que dobrariam o faturamento tornando o jornal quinzenal. Formoso, Marcos e eu conseguimos vender os anúncios para o primeiro número quinzenal, mas os anunciantes esgotaram sua verba do mês nesse primeiro número e a segunda edição quinzenal, por falta de anúncios, jamais foi impressa.

Ao fechar o *Mini Jornal*, Amorim me pagou um almoço em um restaurante japonês e me comprou um blazer cafona em uma loja do Largo Treze. Quem disse que eu sairia de mãos abanando do meu primeiro emprego remunerado de jornalista?

## O INDOMÁVEL BORRACHINHA

ELE TRABALHAVA NA ESCUTA, pegando os textos que os repórteres de *O Estado de S. Paulo* e *Jornal da Tarde* enviavam para a redação quando não dava tempo de vir escrever no jornal. Eu ficava contente quando ligava e percebia que seria ele, Ailton Fernandes, quem me atenderia. Sabia que dificilmente eu veria alguma palavra errada na edição do dia seguinte.

O sonho do Ailton era ser repórter, e de esportes. Adorava futebol. Aos finais de semana costumava assistir aos jogos do Juventus, na rua Javari, escrevia matérias sobre eles e na segunda--feira vinha mostrá-las para o repórter Sérgio Baklanos e para mim, no Esporte do *Jornal da Tarde*. Não sei dizer se era o Ailton que nos escolhia, ou se Baklanos e eu éramos os únicos que tinham paciência para ler seus textos e lhe dar conselhos.

Só sei que o jovem escuta gostava de nossa companhia, queria se sentir parte da equipe. Não foram poucas as vezes em que na cervejinha, depois de uma noite tempestuosa de fechamento, lá estava ele com a gente, ouvindo nossos casos e esperando o momento para contar também os seus.

Saí do *JT* no segundo semestre de 1980, para a revista *TênisEsporte*. Depois trabalhei no jornal *O Globo*, Rádio Globo/ Excelsior, revista *Tênis Ilustrado*, e, nos almoços para a imprensa, ou na cobertura de eventos esportivos, ficava sabendo, pelos colegas, dos progressos do Ailton.

Não pude deixar de achar graça quando a Denise Mirás disse que o tinham apelidado de "Borrachinha", pois nos seus primeiros dias de redação ele trazia uma borracha para apagar seus erros, em vez de simplesmente riscar a palavra, ou a frase, e escrever o correto por cima.

Em 1987, depois que a *Tênis Ilustrado* fechou, aceitei o convite de Pedro Autran Ribeiro para ser cópi do Esporte do *Jornal da Tarde*. Lá, pude conviver novamente com muitos dos companheiros de outrora, entre eles Ailton Fernandes, que já era escalado para cobrir alguns jogos de futebol, mas no dia a dia atuava como setorista da Federação Paulista de Futebol.

Além de divulgar a escala de árbitros e entrevistar dirigentes, não havia muito o que fazer na Federação Paulista, mas Ailton, que já tinha sido capaz de passar tardes de domingo inteiras na rua Javari para redigir textos que nunca seriam publicados, por certo não se contentaria apenas com o trivial. Um dia, ofereceu-se para uma entrevista com o controverso árbitro Dulcídio Vanderley Boschilia, com quem convivia diariamente na Federação.

Pauta aprovada, Ailton fez uma longa entrevista com Boschilia, que revelou detalhes comprometedores de sua profissão, destacando as tentativas de suborno que os árbitros sofriam. Editada com o título "Dá para confiar neles?", a matéria recebeu o Prêmio Esso de Informação Esportiva de 1987. A humildade e a persistência do escuta que queria ser repórter finalmente foram premiadas.

Conheci muitos outros jovens que queriam trabalhar no jornalismo esportivo. No período em que lancei e mantive a *Revista do Futebol*, entre 1995 e 1996, fui procurado por vários deles. Não me lembrava, mas, anos depois, fiquei sabendo que profissionais hoje consagrados, como Paulo Vinicius Coelho e Celso Unzelte, estavam entre eles.

Também acompanhei de perto a carreira de alguns que começaram como revisores, venceram a barreira que costumava separá-los das redações e acabaram se firmando como profissionais de destaque, como Antero Greco, meu companheiro de cobertura do São Paulo.

Soube do drama de um estagiário do *JT* que teve as laudas de sua matéria amassadas e jogadas no lixo por um editor que o aconselhou a procurar outra profissão, pois jamais poderia ser jornalista. Anos depois, esse repórter era considerado um dos melhores do jornalismo esportivo, a ponto de ser contratado para a produção de matérias especiais para a tevê.

Conheci, enfim, muitos casos de jornalistas que, repetindo essas histórias de atletas que se superam, venceram as probabilidades e alcançaram o pódio da profissão. Deles todos, porém, nenhum foi mais abnegado do que Ailton Fernandes, nosso querido Borrachinha.

## O FEIJÃO E O JORNALISMO

EU TINHA ACABADO DE participar da mesa que analisou o Trabalho de Conclusão de Curso (TCC) de um aluno da Faculdade Cásper Líbero quando uma garota se aproximou, esperou que eu cumprimentasse o aluno aprovado e os professores da mesa e, na primeira oportunidade, pediu um conselho. Acabrunhada, contou que seu pai não falava mais com ela desde que tinha decidido cursar a faculdade.

Vendo que o assunto era sério, pedi mais detalhes. Sentamos. Contou-me que o pai tinha lhe oferecido um lugar na empresa da família e um curso de Administração no exterior; enfim, estava empenhado em afastá-la do jornalismo, área que, segundo ele, a faria "morrer de fome".

Enquanto ela falava, internamente analisei meu próprio caso e tive de admitir que aquele mundo que me seduziu, de redações barulhentas, abarrotadas de pessoas inconformadas e interessantes; aqueles tempos em que o jornal fazia parte do dia a dia das pessoas desde o café da manhã, atraía grupos de curiosos para ler as manchetes nas bancas, produzia matérias quase artísticas, comentadas e elogiadas em programas de rádio e tevê; enfim, aquele universo romântico, quase literário, de pessoas influentes, que não precisavam de um alto salário para se sentir realizadas, não existia mais.

Lembrei-me de que, quando eu era tão jovem quanto aquela garota, no mínimo 15 jornais diários disputavam as bancas de São Paulo, sem contar os estrangeiros ou de outras cidades. Daqueles todos, sobraram três ou quatro. Nas rádios, os noticiários sumiram, dando lugar ao popular "vitrolão", com muita música e locutores de voz impostada lendo esporádicas manchetes.

Comparar o jornalismo de ontem com o de hoje levou-me a concluir que ele está morrendo, ou já morreu. Por outro lado, antes de abrir a boca, enquanto a ouvia descrever os problemas que tinha com a família por cursar aquela faculdade, tentei fazer, internamente, a autocrítica mais honesta possível. Perguntei-me: será que não estou cometendo o anacronismo de recorrer ao passado para julgar o momento atual do jornalismo? Ou não estarei ressentido com a profissão por perder espaço e ser obrigado a interromper meus planos de carreira devido ao estrangulamento do mercado e à redução de salários?

Lembro-me de que depois de um ou dois anos do curso básico de Comunicação das Faculdades Integradas Alcântara Machado, podíamos optar por seguir Jornalismo, Relações Públicas ou Publicidade e Propaganda. Alguns colegas, futuros publicitários, já estavam conseguindo estágios em agências e chegaram a me avisar de uns testes. Porém, jamais cogitei a hipótese de abandonar o sonho de ser jornalista, mesmo por um emprego mais bem remunerado.

Não me via criando anúncios para convencer pessoas a comprar aquilo de que não precisam, ou comer e beber o que faz mal à saúde. Tinha, e ainda tenho, o velho sonho, provavelmente ingênuo, de mudar a sociedade com palavras. Nunca duvidei da relevância infinitamente maior do jornalismo em relação à publicidade.

Mas o que dizer a alguém que usa a perspectiva de remuneração como critério principal para escolher uma atividade à qual se dedicará por toda a vida? Não dá para negar que, hoje, com exceção de alguns casos, em que o profissional vira celebridade da tevê e deixa de ser jornalista para se transformar em um tipo indefinido de artista, nenhum jornalista profissional fica milionário. Porém, se você consegue ser feliz com uma vida simples, mas autêntica, com alguns prazeres e muitas emoções, por que não se dedicar ao jornalismo?

Fitei o olhar confuso da garota e, finalmente, resolvi falar. Admiti que os jornais e as revistas estavam fechando, mas lembrei que novas emissoras de tevê e portais de notícias eram abertos na mesma proporção. Disse que o jornalismo sempre será imprescindível, assim como a democracia. O bom dos novos tempos é que eles permitem muitos caminhos. Ela que escolhesse o seu. Eu era uma prova de que mesmo um jornalista mediano pode se casar, manter sua família, educar seus filhos e viver com dignidade.

## ETERNO ESTUDANTE

O JORNALISTA TÍPICO é um clínico geral, disposto a esmiuçar qualquer assunto para produzir matérias convincentes. Sem a humildade e a curiosidade de um eterno estudante, o jornalista embota. Se há uma frase que ele deveria repetir a cada despertar é: "Tudo que sei é que nada sei".

Ser repórter da editoria Geral do *Jornal da Tarde* me levou a cobrir de tocantes casos policiais a questões de administração pública e até assuntos de cultura e arte. Tive o prazer de, em duas páginas bem ilustradas, falar do recém-inaugurado Museu da Casa Brasileira, na avenida Faria Lima. Depois, como editor do Caderno de Domingo, fui apresentado a um universo inesgotável de temas.

Astronomia, história, indústria, comportamento, artes, esportes – pense o que quiser e certamente haverá uma matéria a respeito no caderno idealizado por Fernão Lara Mesquita e coordenado por Pedro Autran Ribeiro, que me chamou para editá-lo em 1998.

Editar o Caderno de Domingo, um dos trabalhos mais prazerosos que tive, me permitia ler, reler e buscar aperfeiçoar matérias que normalmente já me chamariam a atenção. Do tráfego intenso de helicópteros em São Paulo à Revolução de 1932 ou ao início da estação das bromélias, todas as pautas mereciam, no mínimo, uma página, sendo tratadas com esmero de imagem e texto.

Estávamos abertos aos freelancers, a quem pagávamos 500 reais por matéria. Creio que éramos o único caderno de jornal que dava essa possibilidade a jornalistas iniciantes ou desempregados, e isso provavelmente explicava a multiplicidade de pautas.

Auxiliava-me na edição de texto a versátil Elizabeth Maggio e, entre os repórteres do *JT* que mais colaboravam com o caderno, contávamos com o entusiasmo de Marc Tawil, a quem, literalmente, enviei para a água e para o ar. Prestativo, Tawil fez uma matéria navegando com os barqueiros pelo poluído rio Tietê, e em outra embarcou no dirigível que sobrevoava a cidade.

Também fiz reportagens especiais para o caderno, cada uma sobre um tema diferente, como música clássica, história do rádio paulista, astronomia, maternidade, internet, Amyr Klink... Enfim, podíamos falar de tudo, o que era bem estimulante, mas também desafiador.

LIÇÕES DE JORNALISMO

Na época, eu passava boa parte do tempo livre assistindo aos documentários da National Geographic e do Discovery Channel e, para minha surpresa, descobri que essa maneira mais popular de apresentar a ciência me cativou de tal forma que passei a me interessar por áreas que antes julgava incapaz de entender e apreciar.

O dia todo em contato com conteúdos tão distintos, no trabalho e em casa, reforçou em mim a ideia de que, para ser o jornalista que eu pretendia, deveria me dedicar eternamente à leitura, à pesquisa e ao estudo. É evidente que a vida é curta até para lermos os livros obrigatórios, quanto mais para adquirir uma visão mais abrangente de matérias tão variadas, porém nossa missão é tentar.

É como diz um médico diante de um paciente que reclama de ter de se medicar com um remédio de uso contínuo: "O senhor não tem de escovar os dentes e tomar banho todos os dias? Pois é só incluir o comprimido nos seus hábitos diários". Da mesma forma, digo que o jornalista tem de se imaginar como o estudante de um curso que não tem fim, ou melhor, que só terminará quando a vida também se for.

Após três anos, como uma das medidas de contenção de despesas para salvar o *Jornal da Tarde*, o Caderno do Domingo foi fechado. Fui transferido para o Esporte, no qual me tornei um dos editores. No primeiro dia, conversava com um colega sobre o efeito estufa quando outro editor me ironizou. Lá, percebi logo, nenhuma discussão que ignorasse o futebol teria vida longa.

Mas os três anos enriquecedores do Caderno de Domingo já tinham deixado sementes. Baseado na observação dos animais em seu habitat natural, escrevi *Os bichos ensinam*, lançado pela Códex em 2004. Anos depois, lancei *Vida simples*, pela Novo Conceito, e *O barqueiro de Paraty*, romance que ressalta a filosofia de Epicteto, pela Mundo Editorial.

## UM OLHAR PARA O FUTURO

CONSIDERO MINHA ATIVIDADE COMO escritor uma extensão do jornalismo. Afinal, para produzir os 26 livros que publiquei até este, tive de pesquisar, entrevistar pessoas, escrever, revisar, editar, mesmas funções de um jornalista. Na verdade, encaro o livro como uma grande reportagem, com a diferença de que ele exige disciplina e determinação mais duradouras.

Durante um tempo, que pode durar de um mês a vários anos, o autor provavelmente terá de abdicar de desejos e interesses pessoais para se submeter a um trabalho sistemático e paciente, até concluir sua obra. Na maioria das vezes, não terá nenhuma remuneração enquanto o livro não começar a ser vendido, nem contará com uma equipe de apoio, nem mesmo colegas com quem conversar. O escritor estará sozinho em seu ofício, construindo, passo a passo, um caminho que não existia.

Essa tem sido a ocupação de muito jornalista veterano, que não encontra mais lugar no mercado de trabalho ou não é procurado por ele. Sim, livros podem ser a saída para quem quer continuar usando as propriedades do jornalismo para prosseguir fazendo aquilo de que gosta e, se possível, pagar suas contas. Mas não é como tirar férias em uma praia encantadora, ou uma aventura intelectual sem compromisso. Livros exigem algum sofrimento até ficarem prontos.

No começo da carreira, eu ouvia que o jornalista era um escritor frustrado. Não sei no caso de outros, mas no meu essa informação era cem por cento verdadeira. Sou apaixonado pelos livros desde criança e gostaria de saber criá-los; porém, acostumado a associar literatura com textos sublimes, como os de Machado de Assis e Ernest Hemingway, segui vivendo à espera de um conhecimento e uma confiança que nunca pareciam ao meu alcance.

Descobri, felizmente, que nem todos os livros precisam ser romances, muito menos obras-primas. De fato, todo livro ensina algo e traz respostas, sobretudo aqueles que se aprofundam em assuntos específicos, como este, que tenta ensinar o pouco que aprendi no jornalismo. Assim, escrevo sem complexo de culpa, pois consegui vencer o grande medo que afasta muitos jornalistas dessa ocupação: o receio de constatar que não escrevemos tão bem quanto gostaríamos, ou quanto exigimos dos outros.

Conheci, no mínimo, três jornalistas que decidiram interromper a carreira para escrever livros. O primeiro nem conseguiu abandonar o jornal no qual trabalhava, pois acabou seduzido por uma proposta financeira melhor para outra área do mesmo grupo; o segundo resolveu passar uns dias em Ilhabela, no litoral paulista, onde, com vista para o mar, perpetuaria sua obra. Porém, a companhia de uma animada turma de jovens desviou sua atenção para outros prazeres da vida. O terceiro abandonou a sociedade de uma assessoria de imprensa com a intenção de dar uma reviravolta na vida e, entre outras novidades, escrever um livro, o que nunca realizou.

Perdi a conta das pessoas que incentivei, jornalistas ou não, a escrever ao menos um livro sobre sua área de maior conhecimento. O preparador físico Nuno Cobra, a quem auxiliei por dois anos a produzir seu best-seller *A semente da vitória*, foi um deles. Nuno gostou tanto do trabalho que chegou a dizer que todo pai deveria escrever seu livro, nem que fosse só para os filhos saberem tudo o que foi feito para criá-los.

Bem, qualquer que seja o tema ou o objetivo que leva alguém a mergulhar nessa tarefa, o certo é que a meta não será alcançada apenas pelo entusiasmo inicial. Virão as silenciosas noites frias, em que você se perguntará o que está fazendo ali, diante da tela do computador, em vez de estar na cama quentinha; virão também as quentes tardes de sol, em que crianças e periquitos gritarão além da janela do escritório e você não poderá vê-los...

Nessas horas, lanço um olhar ao futuro e imagino a noite de autógrafos, a capa brilhante, as palavras escolhidas nas páginas tranquilas, o sorriso dos primeiros leitores, a champanhe ou o

## VALOR *VERSUS* VALORES

Se há uma coisa importante que aprendi na faculdade de Jornalismo foi a ética da profissão. Para mim, ficou claro que o jornalista ideal não é um mero ganhador e acumulador de dinheiro, mas alguém comprometido com a defesa da justiça, da liberdade, da democracia, enfim, dos princípios que devem reger a vida em sociedade.

É quase impossível impor esses princípios quando você é apenas um repórter, obrigado a cumprir ordens. Felizmente, o *Jornal da Tarde* tinha escrúpulos com os quais eu me identifiquei. Lá podíamos ser críticos, rebeldes, atrevidos, pois o veículo não estava associado ao poder político. Senti uma grande diferença, porém, quando me transferi para a sucursal paulista de *O Globo*, pois no jornal carioca os limites da reportagem esportiva eram bem limitados.

Quando trabalhei em revistas de tênis, nossa autonomia de pauta e edição ia até onde começavam os interesses do proprietário da editora. Lembro-me de que na *Tênis Ilustrado*, da promotora Tavares Kowarick, um colega, ex-fumante, resolveu fazer furiosa matéria contra o cigarro. O título era "Cigarro, esse veneno" ou algo assim.

Poucos minutos depois de a revista chegar da gráfica, Juliano Tavares, o dono, saiu de sua sala aos berros, mostrando a abertura da matéria e perguntando, aos palavrões, se nós queríamos, digamos, ferrá-lo. Ocorre que o maior patrocinador da empresa era a Souza Cruz, que bancava o caríssimo torneio Hollywood Classic, no Guarujá.

Só me senti plenamente livre para editar o que queria quando transformei minha assessoria de imprensa em editora e lancei,

LIÇÕES DE JORNALISMO

em maio de 1995, a *Revista do Futebol*. Como, um ano antes, a Seleção Brasileira tinha conquistado a Copa de 1994, o futebol estava em alta no país. Pena que muitos tiveram a mesma ideia e em pouco tempo surgiram várias revistas sobre o esporte. Entre meus concorrentes, a poderosa Editora Abril lançou uma versão moderna da revista *Placar*, misturando futebol, sexo e rock.

A *Placar* tinha uma edição primorosa e logo assumiu a liderança do mercado, mas a *Revista do Futebol*, mesmo bem mais simples e sem recursos, trazia boas matérias e era a segunda em vendas. Contratei o jornalista Mauro Cezar Pereira como editor, fui para a área comercial, consegui ótimos colaboradores e seguimos em frente.

Consegui boas permutas e a cada edição a revista era divulgada nas tevês Bandeirantes, Record e Gazeta, nas rádios Gazeta e Record, nos jornais *A Gazeta Esportiva* e *Jornal dos Esportes*, no telão do Luciano do Valle Sports Bar e em um supertelão inaugurado na avenida Paulista, que, ainda sem contratos duradouros, ofereceu-nos a cortesia de exibir várias vezes por dia um vídeo de 30 segundos que havíamos produzido para a tevê.

Como toda aquela divulgação, se fosse paga, custaria uma fortuna, teve muito jornalista que achou que eu estava ficando rico, a ponto de uma editora de esportes de um grande jornal de São Paulo me ligar pedindo emprego na revista.

Na verdade, a situação financeira da *Revista do Futebol* foi crítica desde o início. Paguei juros bancários durante os 18 meses em que ela existiu, acabei perdendo o único imóvel que tinha e a situação caótica começou a destruir meu casamento.

— O jeito é seguir a *Placar* e colocar garota pelada na capa — insistia um contato de publicidade bem relacionado, que já tinha até acertado com os prováveis patrocinadores dos pôsteres eróticos. Quando fomos ao Desafio ao Galo, onde tínhamos uma placa no campo, ele levou uma moça muito bonita, de shortinho curto, para distribuir exemplares antigos entre os espectadores. Pediu para a garota sentar ao meu lado e, a cada

101

ODIR CUNHA

mudança de marcha, ela dava um jeito de encostar sua bela perna na minha mão.

Na volta, quando o contato, confiante, quis saber se poderia fechar o negócio com os patrocinadores dos pôsteres, respirei fundo e respondi, firme, que a gente só falaria de futebol. Se não desse certo, paciência, mas eu não ia apelar, mesmo que falisse e tivesse de fechar a revista – o que, aliás, acabei fazendo meses depois.

# 7 Técnica

HÁ INFINITAS MANEIRAS DE ESCREVER UMA MATÉRIA.
NO RÁDIO NÃO É PECADO REPETIR PALAVRAS, NA TEVÊ É PRECISO HAVER SINCRONIA
COM A IMAGEM. E CREDIBILIDADE NUNCA PODE FALTAR.

## PIRÂMIDE INVERTIDA

APROVADO NOS TESTES, PRINCIPALMENTE no de ortografia, em que não devo ter errado nenhuma palavra, ganhei a chance de iniciar um período de experiência como repórter da editoria Geral do *Jornal da Tarde*. Antes de começar, tive uma entrevista com Fernando Portela, o chefe de reportagem, que logo de cara perguntou o que eu sabia de jornalismo.

Havia anos eu tinha um livrinho de bolso das Edições de Ouro, que falava da decantada pirâmide invertida, método que consiste em responder, logo na abertura da matéria, também chamada de lide, às cinco perguntas essenciais de uma notícia: o quê, quando, onde, quem e como. Se possível, há ainda o "por quê", sobre o motivo da ação.

— Ah, você conhece a pirâmide invertida? — perguntou Portela.

— Conheço, conheço — respondi, animado, certo de que ler e reler aquele livrinho tinha valido alguma coisa.

— Pois esquece — retrucou em seguida. — Aqui no *Jornal da Tarde* não usamos essa técnica. Aqui a matéria tem de responder a essas questões, mas não é preciso que seja tudo no lide. Você tem todo o texto para isso. O importante é cativar o leitor e fazer que ele leia o que você escreveu.

Perguntou, ainda, se eu escrevia contos, e eu disse que sim. O *JT* praticava o chamado novo jornalismo, ou jornalismo literário, do qual o maior expoente, na época, era o norte-americano Gay Talese.

A rápida conversa com Portela e os primeiros dias de trabalho na redação me ensinaram que o objetivo daqueles jornalistas era pegar o leitor pela mão e levá-lo até o final do texto. Para isso, todo recurso, jornalístico e literário, era válido. Senti-me livre para ousar. Nas minhas primeiras matérias, já usei a descrição e o diálogo, mesmo em notícias do dia a dia.

Como o *JT* não saía aos domingos, tínhamos o sábado de folga, mas eu ia ao jornal todos os dias, pois sempre havia alguém de plantão ou fazendo uma matéria especial, e eu acabava aprendendo alguma coisa. Descobri, por exemplo, que uma característica dos jornalistas do *JT* era a obsessão pelo lide, a busca da forma mais chamativa de abrir a matéria.

"Aquele cara tem um puta lide... Aquele ali também." Nós, os focas, ficávamos observando os astros e as estrelas da redação considerados de melhor texto, sonhando que um dia também seríamos admirados pelos mais novos.

A necessidade de chamar a atenção era tanta que um repórter podia passar horas em busca de geniais cinco ou seis linhas para abrir a matéria. Entrei no espírito e chegava a treinar lides em casa. Porém, em três semanas de trabalho ainda não tinha feito nenhuma matéria relevante. E naquela quinta-feira, 4 de março de 1977, é que não ia fazer mesmo. O pauteiro Elói Gertel veio avisar que o fotógrafo Sérgio Tomisaki, a caminho do jornal, tinha passado pela rua 24 de maio e fotografado um vaso sanitário sobre uma escultura recentemente inaugurada.

— Temos a foto, Odir. Falta o texto. Vai lá.

Foca não tem escolha. Fui. Um vaso sanitário quebrado estava sobre a escultura. Ouvi as pessoas das lojas próximas, os carregadores de cartazes, fui à regional da Sé e entrevistei o coordenador Victor David sobre vandalismo. A matéria ficou simples, mas engraçada e esclarecedora. Seu lide tinha algum mistério...

Ele amanheceu ali, em pleno calçadão da 24 de maio, esquina com a Dom José de Barros, sobre a grande escultura metálica que o artista grego Nicolas Vlavianos criou para homenagear o progresso e o desenvolvimento de São Paulo. As pessoas passavam e riam, enquanto olhavam, curiosas, para aquele tão conhecido objeto branco que contrastava com o vermelho escuro da obra do artista grego. Quem teria colocado aquele vaso sanitário lá?

No dia seguinte, peguei um exemplar na portaria e, surpreso, vi que a insólita matéria tinha me dado a primeira chamada de capa na carreira. Li e reli. Fiquei lambendo a cria, como diziam na redação, e tive a impressão de que consegui levar o leitor até o fim da matéria. Comecei a achar que poderia me dar bem por ali.

## NO RÁDIO ESPORTIVO, EMOÇÃO CONTA

Como repórter da equipe de Osmar Santos, nas rádios Globo e Excelsior, eu era uma porcaria. Depois, melhorei um pouquinho, mas o meu negócio era escrever e não falar. Tenho certeza de que o Edison Scatamacchia me contratou para produzir programas, mas a oportunidade só surgiu quando ele conseguiu meia hora à tarde, na Excelsior, e lançou o "Partido do Esporte", produzido por mim e apresentado por Braga Junior.

Não havia um manual, bibliografia, um curso, nenhum ensinamento à disposição de quem quisesse aprender a escrever para rádio. Logo entendi, porém, que não deveria ser o mesmo tipo de texto do jornal. No rádio, escreve-se para um locutor, que, aí, sim, transmite a mensagem para o público. É preciso que esse locutor compreenda e interprete o texto corretamente, ou haverá ruído na comunicação.

Redigíamos em três vias, com papel-carbono. Uma cópia ficava com o produtor, uma com o sonoplasta e outra com o locutor. Usávamos uma máquina de escrever especial, com tipos enormes, para facilitar a leitura do locutor.

As frases deviam ser curtas, diretas, com palavras de fácil pronúncia e entendimento. Ainda em nome da compreensão, no rádio não é pecado repetir palavras. No texto impresso o leitor pode voltar ao fio da meada caso perca alguma coisa, mas no rádio ele precisa ir entendendo à medida que o texto é lido.

Outro detalhe importante é que no rádio não é preciso escrever sem adjetivos ou emoção. É claro que se deve evitar a pieguice, mas não se pode ter vergonha de explorar os sentimentos, pois é uma mídia que permite o som, e com ele a escolha de um bom fundo musical, ou o uso da voz.

Um dia, para o início do programa, escrevi algo que Braga Junior leu com a categoria de sempre, sobre um fundo musical adequado. Scatamacchia estava ouvindo e gostou muito. Pediu que fizéssemos sempre aquilo, em uma espécie de editorial do "Partido do Esporte".

Algum tempo depois, a Seleção Brasileira Feminina de Vôlei venceu a Seleção Soviética, campeã olímpica, no Ginásio do Ibirapuera. No dia seguinte, escrevi um editorial para saudar a vitória histórica. Não me lembro de todo o texto, obviamente – na rádio, mal acabavam os programas, as laudas iam para o lixo –, só sei que uma parte falava do sonho de ter tido "as campeãs olímpicas aos nossos pés".

Após a leitura, Braga chamou o repórter Roberto Carmona, que estava com Ênio Figueiredo, técnico da Seleção Feminina. Carmona pediu um tempo. Seguiram-se segundos de silêncio, que no rádio parecem horas. Ao final, o repórter explicou que Figueiredo tinha se emocionado com a abertura do programa e precisou se recompor para falar.

Essa solução, de combinar um texto tocante e uma música para potencializar a emoção do momento, era uma receita que eu adorava e usava muito no "Partido do Esporte", no "Balancê" – o programa de estúdio que virou de auditório – e também nas jornadas esportivas de fim de semana.

Nessas jornadas, no momento em que o comando era passado para Osmar Santos, "o pai da matéria", começava a tocar uma música, sempre de grande apelo popular, e ele entrava declamando um texto feito por mim, baseado na letra da música escolhida. É fácil imaginar o impacto da voz bonita e querida do Osmar realçando palavras que interagiam com os versos de "Andar com fé", de Gilberto Gil; "O que é, o que é", de Gonzaguinha, ou "É hoje", cantada por Caetano Veloso. Além de empolgante, a abertura já servia para deixar a equipe em ponto de bala para a transmissão da Globo, líder absoluta na cobertura do futebol.

No rádio, quanto mais o redator conhecer o ritmo, as características da voz e os maneirismos do locutor, mais harmonioso e convincente será o resultado final. Nos meus quase quatro anos de Globo/Excelsior, desenvolvi tamanha afinidade profissional com Osmar Santos que ele me pedia textos até quando apresentava algum evento ou passou a dar prioridade ao seu trabalho de apresentador e narrador da TV Globo. Com ele eu aprenderia também alguns truques para escrever para a tevê, ou melhor, para o esporte na tevê.

**TEXTO FINAL**

O FATO DE TER ganhado o Prêmio Esso fez que eu passasse a ter pautas de um Prêmio Esso, mas o salário continuou o de um repórter principiante. Então, veio a proposta para ser subeditor da revista *TênisEsporte* e ganhar o dobro do que recebia no *Jornal da Tarde*. Não queria sair do *JT*, porém, recém-casado, precisava melhorar meus rendimentos. Falei com o chefe de reportagem Roberto Avallone e o editor-chefe Fernando Mitre e recebi a resposta de que o jornal estava em contenção de despesas, mas que se eu esperasse um pouco, teria um aumento.

Sugeri tirar férias e ficar um mês na *TênisEsporte*. Na volta, provavelmente o *JT* teria alguma proposta a me fazer. Aceitaram. Porém, trabalhei um mês na revista e, na volta, ninguém se lembrava do que me tinha me prometido. Com falta de publicidade, a revista não duraria muito, mas o pouco caso da chefia do *JT* não me deu alternativa. Pedi demissão.

Na *TênisEsporte*, fui apresentado a João Pedro Bara, que viera da Abril para ser o editor. Ele conhecia mais as particularidades de uma revista – que exige abordagem e visual diferentes – e tinha noções de edição. Em nossa primeira conversa, perguntou se eu tinha texto final. Como se sabe, texto final é aquele que não precisa de muitos consertos nem revisões, já nasce pronto para a edição.

Não achei indelicado ele perguntar isso a um ganhador do Prêmio Esso, pois já conheci ganhadores do Prêmio que não escreviam tão bem – e eu mesmo nunca me considerei um Machado de Assis. Estava aprendendo naquele final de 1980, como ainda estou hoje. De qualquer forma, o dia a dia mostrou que, se o texto dele era final, o meu também era.

Porém, falar é uma coisa, fazer é outra. Costumo brincar com pessoas que têm o hábito de enaltecer as próprias virtudes. Digo: "Tenho ouvido muitos elogios a seu respeito..." Quando o sujeito se anima todo e quer saber quem o admira tanto, respondo: "Todos vindo de você mesmo".

Na *TênisEsporte* eu sentia falta do ritmo, das boas pautas que recebia no *Jornal da Tarde*. Passei algumas edições sem fazer nada de especial até que, finalmente, surgiu a oportunidade de escrever uma matéria com interesse humano: um perfil do polêmico tenista romeno Ilie Nastase, líder do ranking mundial na primeira lista da Associação dos Tenistas Profissionais, em 23 de agosto de 1973, e vencedor do US Open e de Roland Garros. Mesmo aos 36 anos, era uma personalidade do circuito e estava confirmado no torneio Hollywood Classic, Guarujá, em fevereiro de 1981.

Preparei-me bem para a entrevista. Nastase fala espanhol e eu não precisaria de intérprete. Mas o romeno, que tinha perdido para o brasileiro Carlos Alberto Kirmayr naquela tarde e parecia enfastiado de tênis, fazia-me persegui-lo em torno da piscina do

Casagrande Hotel entre uma pergunta e outra, e respondia a tudo com frases curtas. Estava mais interessado em brincar com o amigo Victor Pecci e jogar uma pretensa namorada brasileira na água. De qualquer forma, consegui alguma coisa e resolvi produzir o texto misturando o nosso diálogo, cenas do presente e lembranças do passado, como em um vertiginoso flashback.

"Falar sobre o quê?"

"Sobre a sua vida, sobre o tênis."

"Sobre a vida, sim, sobre o tênis, não" – e Nastase forçou um sorriso, enquanto repetia a frase para Pecci: "Sobre a vida, sim, sobre o tênis, não". Pecci nem ligou. Nastase abaixou a cabeça, pensativo.

Gozador incorrigível nos bons momentos, ele se torna sarcástico quando está de mau humor. Naquela tarde, depois de perder para Kirmayr, o tênis para ele era uma coisa amarga e sem graça. Algo que o esgota muito, agora que alcançou os 36 anos, e no qual não vê as mesmas emoções de quando perseguia os grandes títulos, disputava palmo a palmo os melhores prêmios e levava a Romênia a vitórias inesquecíveis na Davis.

A matéria prosseguia, entremeando as frases de Nastase com cenas dele no hotel e lembranças de seus feitos. Gostei do resultado. Para uma revista esportiva, estava acima da média. Bem, ao menos se tratava de um texto final.

## TRUQUES COM IMAGENS

ESCREVER PARA A TEVÊ tem suas exigências. Não se pode falar de algo que a imagem não mostra, por exemplo, e o texto deve ter sincronia perfeita com a imagem, ou ocorrerá um empastelamento constrangedor, como provoquei ao redigir, para a TV Manchete, um balanço da temporada internacional de tênis de 1990.

Meu texto não deu a folga necessária entre um evento e outro. Em alguns momentos o locutor se referia a um torneio e as imagens mostravam o torneio seguinte, em uma salada que prosseguiu até o final.

Minha primeira experiência de redigir para a televisão ocorreu quando Roberto Avallone organizou uma equipe esportiva na TV Record e convidou alguns repórteres do *Jornal da Tarde* para ajudar na tarefa, entre eles Marco Antonio Rodrigues e eu. Mas, nessa passagem breve, só redigi textos curtos para os noticiosos do canal.

Minha atuação mais frequente foi para a TV Globo, mas não era oficial. Explico: em meados da década de 1980, muito querido pela direção da emissora, Osmar Santos se dividia entre a tevê, sua nova paixão, e a rádio Globo, na qual era o maior responsável pela liderança absoluta nas transmissões de futebol. Como eu era o seu redator na rádio, resolveu me pedir os textos também para as suas participações televisivas.

Durante muitos anos, quando a Corrida de São Silvestre ainda era realizada na noite do último dia do ano, o texto de abertura, lido pelo Osmar, era de minha autoria. Na Olimpíada de Los Angeles, em 1984, o que ele disse depois de Ricardo Prado ter conquistado a medalha de prata nos 400 metros medley, e Joaquim Cruz ter ganhado a medalha de ouro nos 800 metros no atletismo, também fui eu que escrevi. Atleta mais rápido no *sprint* final dos 800 metros, Cruz venceria se fizesse a última curva em primeiro lugar. Passei o texto ao Osmar com essa orientação.

Garoto favelado de Taguatinga, cidade satélite de Brasília, Joaquim Cruz, sétimo filho de uma família pobre do Piauí, se destacou no atletismo e conseguiu bolsa na Universidade de Oregon em 1983. Aos 21 anos, era um dos favoritos dos 800 metros, em busca de um ouro olímpico que o atletismo brasileiro não conseguia há 28 anos, desde que o paulista Adhemar Ferreira da Silva vencera o salto triplo em Melbourne, em 1956.

Quando Cruz desgarrou à frente do britânico Sebastian Coe e do marroquino Said Aouita, Osmar aumentou o tom, dizendo que as passadas marcantes do brasileiro o levariam a uma conquista histórica. E, quando a prova terminou e Cruz começou a desfilar com uma bandeira do Brasil, Osmar sacramentou: "E mais uma vez a história se repete: o menino descalço se torna deus olímpico".

Em 1986 eu não estava mais na Rádio Globo, mas Osmar fez questão de me pagar para escrever para ele durante a Copa do Mundo do México. Eu sabia que Armando Nogueira, diretor de jornalismo da Rede Globo e dono de uma redação primorosa, enviava textos ao Osmar, e quis saber por que ele não os lia. "É que eu me identifico mais com os seus, Odir", foi sua resposta.

Diariamente Osmar participava do "Jornal Nacional". Às vezes não tinha nenhuma notícia a dar e me ligava na redação da sucursal de O Globo. Em 24 de abril de 1984, houve um panelaço a favor das diretas-já e Osmar era o grande locutor do movimento pelas eleições diretas no Brasil. Só que o governo tinha proibido a imprensa de noticiar o tal panelaço. Então, passei-lhe um texto que falava de um estranho barulho ouvido no país e dizia que não se tratava de uma conquista de Copa do Mundo, nem de outras façanhas esportivas. Enfim, citei algumas coisas que não poderiam ser, mas não me referi ao que era, até porque todos já sabiam.

Alguns dias depois, Edison Scatamacchia veio me avisar que a frase que passei para o Osmar tinha aberto uma matéria da *Veja* dizendo como a imprensa driblou a censura. Gostei, mas tinha coisas a fazer e nem li a matéria. Acho que hoje dou mais importância a isso do que naqueles tempos. Era um prazer ajudar o Osmar e acho que um de seus maiores méritos era ouvir as pessoas e aproveitar o que elas tinham de bom.

## JÁ FUI O MILTON NEVES

Em meados de 2006, pouco antes da Copa da Alemanha, o jornalista Milton Neves me convidou para escrever, por ele, o blogue que estrearia no UOL. Eu era editor da *Revista Tênis*, já tinha feito algumas postagens para o blogue da revista e tinha alguma noção do que funciona e não funciona nos textos para a internet. Peguei algumas orientações com Régis Andaku, coordenador dos blogues do UOL, e comecei o trabalho.

A primeira coisa que chama a atenção ao escrever para um blogue é a instantaneidade do retorno do público. Na rádio, sentíamos a reação do ouvinte ao tomar café na padaria, depois do programa. Na internet, mal a postagem vai ao ar, começam a pipocar os comentários, principalmente se o autor é alguém conhecido como o Milton.

Descobri que davam mais leitura os textos curtos, de cinco ou seis parágrafos, com o máximo de seis linhas cada um, separados por um espaço. No começo, usava títulos de até três linhas, mas reduzi para duas e, sempre que possível, para uma. Para as rodadas do futebol, criei uma seção que durou um bom tempo, chamada "Os palpites infalíveis do Miltão". Outro detalhe que aumentava a interatividade era colocar uma pergunta ao final do texto, instigando o leitor a debater o assunto.

Conversar com os leitores era obrigatório. Isso, porém, nem sempre era tarefa fácil. Provocador, Milton Neves dizia coisas em seu programa na TV Record que deixavam alguns leitores encolerizados. Como eles usavam o blogue para desabafar, eu me via na situação de acalmá-los.

Um deles ficava possesso cada vez que Milton chamava os são-paulinos de "bambis". Um dia, disse-me que se me encontrasse na rua, ou melhor, se encontrasse o Milton Neves na rua, lhe daria "um tiro na cara". Vi que a situação era séria e pedi desculpas, disse que falava aquilo de brincadeira, que tinha dois filhos são-paulinos. E como poderia menosprezar o time das pessoas que eu mais amava no mundo?

Contei essa história para um amigo que não morre de simpatia pelo Milton, e esse amigo retrucou:

— Pô, Odir, você poderia ter respondido para o cara: "Duvido, você não é homem para isso!"

LIÇÕES DE JORNALISMO

Bem, trabalhei três meses para o blogue e a partir daí o Neto, filho do Milton, o assumiu. Três anos e meio depois, convencido por Vitor Queiroz de Abreu, um amigo recém-formado em marketing, resolvi lançar o meu blogue. Pensei em escrever sobre esportes em geral, mas sabia que, se quisesse contentar todos os públicos, não contentaria nenhum. Então, escolhi me dedicar apenas ao Santos, o meu time.

Constatei logo que teria assunto suficiente para manter um blogue diário. No início, fiz bolões dos jogos do Santos e distribuí livros aos vencedores. Lembro-me de que o Vitor me cumprimentou quando atingimos 2 mil acessos por dia. Entretanto, como vim a descobrir depois, essa questão dos acessos é delicada.

Durante a semifinal da Copa Libertadores de 2011, fiz um texto sobre a grande rivalidade com o Corinthians e algumas de minhas primeiras impressões sobre os torcedores do alvinegro da capital. Era para ser publicado apenas em meu blogue e lido apenas por santistas, mas acabou saindo também no blogue do Milton Neves e acabou tendo uma repercussão desmedida. Fui ofendido em todas as mídias e naquele dia meu nome ficou em quinto lugar entre os *trending topics* do Twitter.

O número de acessos do meu blogue cresceu em uma progressão geométrica após a polêmica. Sei que isso seria muito bem-visto por muitos blogueiros de futebol, mas no meu caso decidi que não gostaria de mergulhar naquele mundo de grosserias e ameaças só para atrair mais acessos.

Hoje, quando falo de times rivais, tomo cuidado para não ser desrespeitoso. Prefiro manter o alto nível das discussões do Blogue do Odir. E, por sermos – eu e os leitores-comentaristas – santistas fanáticos, porém críticos, a Suzana, minha mulher, sugeriu que batizássemos o blogue de "O ombudsman do Santos". Assim ele segue, confiável, influente e com uma média de comentários bem maior do que a maioria dos blogues de futebol, inclusive os do UOL e de grandes veículos de comunicação.

## FANTASMA DE CARNE E OSSO

*GHOST-WRITER*, COMO O NOME diz, é o escritor-fantasma, o que escreve o livro, mas não aparece. Já fiz dois livros assim, com propostas diferentes. No primeiro, o cestinha Oscar Schmidt, generoso, fez questão de que meu nome aparecesse, o que me tornou um fantasma de carne e osso.

Após dois anos dedicando-me a escrever o livro de Nuno Cobra para a BestSeller, a obra acabou sendo lançada pela Senac e se transformou em um campeão de vendas sob o título *A semente da vitória*. De qualquer forma, meu trabalho para a BestSeller não seria em vão. Em 1996, o editor José Henrique Grossi me ligou para perguntar se eu sabia de alguém que conhecesse Oscar Schmidt tempo suficiente para escrever sua biografia. Eu lhe respondi na mesma hora: eu!

Cobri o Mundial que o Sírio ganhou, em 1979, no Ginásio do Ibirapuera, e depois viajei com o time para a Argentina, oportunidade em que comecei uma boa amizade com Oscar. Então, Grossi consultou Oscar sobre mim, e ele aceitou.

O trabalho tradicional do *ghost-writer* é tirar do personagem principal as histórias e as opiniões imprescindíveis, mediante entrevistas, e depois editar esses depoimentos, dividindo-os em capítulos – que, no caso do livro de Oscar, seguiram a ordem cronológica.

Com relação ao texto, obviamente é preciso corrigir erros gramaticais e de concordância cometidos pelo entrevistado, manter as frases claras e sem repetições de palavras e ideias e dar ao depoimento um tom natural, o mais parecido possível com o modo de se expressar do personagem.

Cada pessoa tem um ritmo para falar, uma entonação especial, e cabe ao *ghost-writer* captar essa essência para que o texto seja fiel e convincente. Ao dar três exemplos de algo, ou dedicar três adjetivos a alguém, Oscar não colocava o "e" antes do terceiro. Dirá que tal jogador é rápido, forte, oportunista, mas não

LIÇÕES DE JORNALISMO

substituirá a última vírgula pelo "e". Deixei o texto do jeito que ele fala. Creio que foram detalhes assim que fizeram muitos leitores dizerem, ao ler o livro, que se sentiam como se estivessem ouvindo o próprio Oscar.

Onze anos depois, em 2007, fui *ghost-writer* de outro livro, mas meu nome não saiu na capa, só nos créditos internos, bem pequenininho. Não posso revelar o nome da personagem retratada, mas adianto que o trabalho se mostrou bem complicado, pois ela não se lembrava de boa parte da história, o que me obrigou a pesquisar e a escrever capítulos inteiros como se fosse ela.

Iniciei o livro da mesma forma que o de Oscar, editando os depoimentos daquela que, para todos os efeitos, era a autora. Porém, ao ler os primeiros capítulos, ela não gostou, disse que aquilo não era ela, que faltava mais... glamour. Eu quase respondi que faltava glamour porque ela não falava com glamour e eu não poderia inventá-lo. Porém, para não perder o trabalho, tive de sensibilizar meu texto e enchê-lo do decantado glamour.

O livro foi bem editado e tem algumas passagens muito bem escritas, mas obviamente não agradou. Parece que o leitor tem um faro para tudo que é falso, artificial. Outro detalhe que pode impedir o sucesso de um livro é o autor não acreditar na sinceridade do personagem retratado.

Mesmo em uma das muitas fases financeiras críticas pelas quais passei insistindo na carreira de escritor, recusei-me a escrever o livro de um famoso árbitro de futebol dos anos 1960. Simpático, ele gostava muito de mim e queria que eu escrevesse o livro de sua vida. Dizia sempre que dinheiro não era problema. Mas eu o conhecia bem e sabia que o fato de me pagar para escrever o seu livro me obrigaria a contar as histórias do jeito que ele queria.

E o dilema era que esse árbitro, segundo minhas pesquisas de futebol indicavam, tinha recebido suborno para atuar em várias partidas. Como eu poderia assinar uma obra que tentaria mascarar a verdade? Uma pena, pois ele tinha muitas histórias boas para ser contadas.

# 8 Conhecimento

NO JORNALISMO, CONHECER É UM SUPERPODER QUE
GERA SORRISOS, DERRUBA OBSTÁCULOS, VENCE OS ADVERSÁRIOS MAIS
ARDILOSOS E FAZ, NO FINAL, PREVALECER A INFORMAÇÃO VERDADEIRA.

## DOSSIÊ, O MAIOR RECONHECIMENTO

EM NENHUMA OUTRA OPORTUNIDADE o conhecimento foi tão decisivo em minha carreira como no trabalho que levou a Confederação Brasileira de Futebol a reconhecer como legítimos os campeonatos brasileiros disputados, com outros nomes, desde 1959.

Quando, no segundo semestre de 2008, José Carlos Peres, em nome de seis grandes clubes, me procurou para essa missão, sabíamos que a causa era justíssima, mas também tínhamos consciência de que a oposição da imprensa seria enorme.

Antes do chamado Campeonato Nacional, surgido em 1971, por influência do governo militar, o futebol brasileiro viveu sua era de ouro e teve campeões nacionais desde 1959, com a Taça Brasil, e, mais tarde, com o Torneio Roberto Gomes Pedrosa/Taça de Prata.

Isso era facilmente comprovado com pesquisas na imprensa da época, entrevistas com jogadores e dirigentes, consultas aos arquivos da CBF e da Conmebol. Porém, o maior empecilho para a ampla aceitação de nossa proposta era o fato de quatro dos clubes mais populares do país – Flamengo, Corinthians, Vasco e São Paulo – não terem sido campeões nacionais de 1959 a 1970, o que faria os jornalistas torcedores desses clubes se colocarem contra nossa reivindicação.

Só escrevi o dossiê depois de checar, em sites e blogues, quais eram as dúvidas ou queixas de quem se colocava contra a unificação.

Alguns diziam que a designação "Campeonato Brasileiro" só surgiu em 1971. Não era verdade. Esse nome foi adotado a partir de 1989, e mesmo assim foi mudado outras vezes depois disso.

Outros diziam que a Taça Brasil era um torneio de convidados, sem representatividade. Mentira. Só campeões estaduais podiam participar dele e logo em sua primeira edição, a de 1959, 80% dos estados brasileiros foram representados. Dezesseis equipes lutaram pelo título nacional e pelo direito de representar o país na primeira Copa Libertadores da América, em 1960.

Entre os muitos testemunhos importantes, João Havelange, presidente da Confederação Brasileira de Desportos em 1959, confirmou em entrevista coletiva que havia criado a Taça Brasil para definir o campeão brasileiro. Enfim, todas as questões foram respondidas e esclarecidas pelo dossiê.

Porém, como ninguém gosta do que não entende, Peres e eu imprimimos um minidossiê, com os pontos básicos do documento, e organizamos painéis de discussão em São Paulo, no Palmeiras, e no Rio de Janeiro, no Fluminense, com a presença de jogadores, dirigentes e convites a toda a imprensa esportiva dessas cidades. O curioso é que, dos jornalistas que se manifestavam contra a unificação, nenhum compareceu aos eventos.

Produzi, então, documentos com perguntas e respostas sobre a Taça Brasil e o Torneio Roberto Gomes Pedrosa e os ofereci, por e-mail, aos jornalistas que me pareceram em dúvida sobre algumas questões do dossiê. José Roberto Torero publicou os textos na íntegra em seu blogue; outros, entretanto, nem quiseram recebê-los, preferindo continuar com suas opiniões formadas, mesmo sem estar bem informados.

Convidado para muitos debates, vi-me diante de eloquentes profissionais de rádio e tevê que tentavam, em poucos minutos, reduzir a pó um trabalho de muitos meses. Porém, com a tranquilidade que o conhecimento traz, creio que me saí bem em todos esses confrontos. Não pelos meus méritos de orador, mas pela consistência dos fatos que eu expunha.

Em uma noite de dezembro de 2010, estava saindo de casa quando Peres ligou, pedindo-me para voltar e assistir ao "Jornal Nacional". Instantes depois, quase sem acreditar, vi e ouvi William Bonner anunciar que a CBF tinha aprovado a unificação dos títulos brasileiros a partir de 1959. O documento tinha sido analisado pelos departamentos técnico, jurídico e histórico da Confederação.

Na manhã de 22 de dezembro, no Itanhangá Golf Clube, pude expor as razões do dossiê antes de os presidentes de seis clubes brasileiros receberem o reconhecimento pelos títulos conquistados na era de ouro do nosso futebol. E, para que a história não fosse esquecida novamente, o dossiê virou livro. Já leu?

## UMA ENTREVISTA COM ROD LAVER

Quando o tenista australiano Rod Laver esteve em São Paulo, aos 43 anos, para dar uma clínica de tênis a alguns promissores infantojuvenis brasileiros, fui escalado para a cobertura. Mal recebi a pauta, corri para o arquivo de O *Estado de S. Paulo* e do *Jornal da Tarde* e procurei a pasta de Laver. Já sabia alguma coisa sobre ele, mas queria mais detalhes.

Além de fotos de agências e uma ou outra notícia pequena, a única matéria que traçava um perfil interessante dele estava na versão brasileira da *Seleções do Reader's Digest*. Lá, fiquei sabendo que o canhoto troncudo, de 1,73m, costumava rebater a bolinha 10 mil vezes por dia na garagem de sua casa e que o diâmetro de seu pulso, quando liderou o tênis mundial, era maior do que o do campeão mundial de pesos-pesados do boxe.

Nascido em Rockhampton, em 9 de agosto de 1938, Rodney George "Rod" Laver começou a pintar como craque das quadras aos 17 anos e se tornou o único tenista a vencer os quatro torneios de Grand Slam em uma mesma temporada em duas ocasiões diferentes: em 1962 e 1969. Certamente teria vencido mais se pudesse ter participado dos torneios de 1963 a 1967, mas foi impedido porque naquela época Australian Open, Roland Garros, Wimbledon e US Open só podiam ser disputados por tenistas amadores, e Laver já tinha se tornado profissional.

Mesmo assim, aquele senhor simpático e paciente, de cabelo vermelho e sardas no rosto e nas mãos, tinha conquistado 11 títulos de Grand Slam. Sua presença é tão importante para o tênis que a quadra central do Australian Open foi batizada Rod Laver Arena. Era uma honra estar conversando com tal personalidade, mesmo por meio de um intérprete.

A entrevista ocorreu na quadra coberta do Pacaembu, onde o eterno campeão bateu bola com a garotada. Sentamos em círculo, com Laver em uma cadeira no centro. Após uma ou duas rodadas de perguntas, ocorreu algo inusitado: ele voltou sua cadeira para mim e continuou assim até o fim da entrevista.

Não há dúvida de que Laver percebeu quem estava mais bem informado e tinha se preparado melhor para entrevistá-lo. Tive o privilégio de, mesmo sem entender tudo que ele dizia, conversar olhando nos olhos daquele que, ao menos até aquele momento, era o maior tenista já surgido na Terra. Aquilo foi uma lição positiva para mim, pois jamais deixei de ir a uma entrevista sem estudar a vida e a carreira do entrevistado.

Creio que essa regra serve para qualquer entrevista, mas vivi dois casos que reforçaram os cuidados que devemos ter, particularmente com tenistas famosos. Presenciei o brasileiro Thomaz Koch virar as costas para um repórter da TV Globo que perguntou a sua idade. Koch tinha acabado de vencer o norte-americano Eddie Dibbs, 11º do ranking mundial, e o jornalista iniciava a matéria querendo que ele dissesse quantos anos tinha?

Conhecia o jornalista e adivinhei que sua intenção era informar que, apesar de já ser um veterano, de 36 anos, Koch continuava obtendo grandes resultados. Porém, informações básicas, como idade, local de nascimento, títulos mais importantes e ranking o repórter deve conseguir antes e jamais pe-

LIÇÕES DE JORNALISMO

dir para o próprio entrevistado dizer. No meio do tênis esse é um pecado mortal.

Por volta de 1985/86 passei meses tentando marcar uma entrevista com a brasileira Maria Esther Bueno, três vezes campeã de Wimbledon, quatro do US Open, primeira latino-americana a liderar tanto o ranking mundial de simples como o de duplas. Uma deusa do tênis, sem dúvida. O problema é que, por ter passado a maior parte da carreira no exterior, onde é venerada, Maria Esther nutria certo desdém pelos jornalistas brasileiros. Porém, fiquei atento à sua agenda e aproveitei um evento em sua homenagem, no Pacaembu, para ouvi-la.

Ela me deu respostas suficientes apenas para uma entrevista curta e grossa. E, no final revelou que só aceitou conversar porque lhe disseram que eu entendia um pouco de tênis. Se não entendesse nada do esporte e nem de sua carreira, ela nem falaria comigo...

## PARA UMA BOA COBERTURA

NÃO GOSTEI MUITO QUANDO Castilho de Andrade, com quem eu dividiria a cobertura dos Jogos Pan-Americanos de Porto Rico, me pediu para visitar algumas federações esportivas. Mais experiente, Castilho, que já tinha coberto o Pan de Cali, em 1971, explicou que aquele trabalho era necessário, pois em San Juan não saberiam dizer se uma marca do atletismo ou da natação seriam recordes brasileiros ou paulistas, por exemplo.

Não podemos perder de vista que estávamos a décadas do advento da internet e do maravilhoso Google. Em um país estrangeiro e com pouco tempo para conseguir uma informação que estava no Brasil, fatalmente entraríamos pelo cano. Então, passei dias pesquisando nos arquivos das federações, muitas delas instaladas no Conjunto Desportivo Baby Barioni, no bairro da Água Branca. Foi bom não só para anotar os recordes,

ODIR CUNHA

mas para conhecer pessoas do meio e entender melhor a dimensão de cada modalidade.

Como aqueles dias de véspera de viagem eram dedicados à pesquisa, incluí estudos sobre os Jogos Pan-Americanos e Porto Rico, o Estado Livre Associado dos Estados Unidos que sediaria a competição. Essa investigação prévia se revelou fundamental para me dar mais segurança naquela que era minha primeira cobertura internacional.

A propósito, um foca, em sua primeira cobertura importante, tem de ir até mais preparado do que os outros da equipe, pois é natural que no começo o vejam com certa desconfiança. No avião que chegava a San Juan, por exemplo, o fotógrafo Claudinê Petroli, provavelmente influenciado pelo estereótipo dos porto-riquenhos que vivem nos Estados Unidos, insistia que San Juan era uma cidade pobre de um país pobre.

Ainda estávamos discutindo quando surgiu abaixo de nós a imagem de uma linda baía cercada por edifícios modernos. A primeira imagem de San Juan não podia ser mais formosa. "Viu?", perguntei, apontando para a cena que merecia de fundo musical "Samba do avião", de Tom Jobim.

Porto Rico é uma ilha do Caribe com 9.104 quilômetros quadrados, cerca de quatro milhões de habitantes, com uma economia diversificada e um IDH excelente, pois é o 28º do planeta. Porém, não estávamos ali para lições de geografia, e eu ainda teria problemas para fazer valer minhas opiniões nas reuniões de pauta, ocorridas durante o jantar.

É que havia apenas um fotógrafo, o Claudinê, para atender ao Ney Craveiro e ao Luiz Fernando Lima, do *Estadão*, e ao Castilho de Andrade e a mim, do *JT*. Toda noite, ao jantar, discutíamos as pautas do dia seguinte. Colocando-me, humildemente, no lugar do menos experiente ali, eu pegava o que ninguém queria fazer, como remo, futebol, hóquei sobre patins e, entre outras modalidades, o judô, que, pelas minhas pesquisas, daria muitas medalhas ao Brasil naquele Pan.

Aceitava tudo de bom grado, mas uma noite perdi a calma. No dia seguinte se iniciariam as competições de judô e o Brasil poderia ganhar a sua primeira medalha de ouro naquele Pan, pois na categoria absoluto, sem limite de peso, lutaria Oswaldo Cupertino Simões, o "Boneca", que tinha sido campeão mundial universitário. Não me deram ouvidos. Parece que Ney Craveiro já tinha combinado com o Claudinê para cobrir os jogos do tênis, que nem valiam medalha.

Na tarde do dia seguinte, após cumprir uma parte da pauta, peguei uma *guagua* (perua) da organização e fui ao ginásio de Guaynabo, na periferia de San Juan, onde o judô estava sendo disputado. O lugar era simples, a ponto de lembrar o pátio do meu colégio, na Cidade Dutra. Não havia muito público, mas uma enorme ansiedade pairava no ar. No tatame, o brasileiro Oswaldo Cupertino Simões e o porto-riquenho Héctor Estévez se enrolavam em busca da medalha de ouro.

Aproximei-me do técnico da equipe brasileira, Fuyio Oide, e acompanhei com ele os últimos instantes da luta que deu a primeira medalha de ouro ao Brasil em Porto Rico. Como não havia imagens, descrevi a luta, as frases emocionadas do velho Oide e a emoção de ouvir o Hino Nacional pela primeira vez em San Juan.

## ESCREVER SOBRE PELÉ

RECEBÍAMOS A REVISTA *EL GRÁFICO* na sucursal de *O Globo* e em um de meus plantões tive tempo de ler uma enquete com especialistas de futebol da América do Sul e da Europa que apontavam o Santos, bicampeão mundial em 1962/63, como o melhor time de futebol de todos os tempos. Impressionei-me, particularmente, com os depoimentos dos jornalistas argentinos, tão rivais do futebol brasileiro, mas tão elogiosos ao Santos. E o mais interessante é que a imprensa brasileira nem havia citado a pesquisa.

Decidi, ali, naquele início da década de 1980, que faria um livro sobre aquele time mágico, vencedor, com larga margem, da enquete de *El Gráfico*. Minha intenção era contar a história, entrevistar testemunhas oculares e fazer um detalhado perfil de cada um dos titulares: Gylmar, Lima, Mauro, Calvet e Dalmo; Zito e Mengálvio; Dorval, Coutinho, Pelé e Pepe.

Comecei a pesquisa de forma tímida. Só podia me dedicar mais ao livro nos períodos de desemprego, ou subemprego. A tarefa se arrastou por muitos anos e o livro, de 528 páginas, batizado pelo editor Quartim de Moraes de *Time dos sonhos*, só foi lançado pela Códex em dezembro de 2003. Consegui preenchê-lo com todas as informações que queria, mas não tive o prazer de entrevistar Pelé. Ouvi Dalmo, que morava em Jundiaí, Calvet, que vivia na sua Bagé, no Rio Grande do Sul... enfim, ouvi todos, menos o Rei do Futebol.

Não nos falamos nem por telefone. Seu assessor disse que Pelé tinha um contrato com uma editora da Austrália e esse documento o impedia de dar entrevistas para outro livro. Porém, ainda segundo o assessor, Pelé me autorizava a usar tudo que ele tinha dito à mídia. Menos mal. Eu já tinha um farto material sobre Pelé e passei meses juntando ainda mais.

O livro foi muito bem recebido pelos santistas, e só no seu lançamento, no Bar Paulicéia, em São Paulo, 640 exemplares foram vendidos. A obra teve três edições, que pararam por aí porque a Códex foi comprada pela Nobel, e a nova editora não se interessava por livros de futebol.

No segundo semestre de 2005, recebi um e-mail da editora Gloria Books, de Londres, informando que queria comprar 13 mil palavras do *Time dos sonhos*. Dizia que lançariam um livro superespecial sobre Pelé antes da Copa da Alemanha, em 2006, e consideravam que a melhor descrição de sua carreira no Santos estava em meu livro. Ofereciam três mil euros. Senti-me tão envaidecido que aceitei a oferta sem negociar.

O lançamento ganhou destaque na imprensa internacional. Não era para menos. O livro da Gloria Books, finamente editado,

Lições de jornalismo

pesava 17 quilos, era revestido de seda pura e vinha em uma caixa de meio metro de altura. Foram impressos apenas 150 exemplares, vendidos ao preço unitário de 14 mil libras, ou 48 mil reais. Banqueiros e xeiques estavam entre os compradores. Confesso que me senti orgulhoso de participar de uma obra dessas.

Mas o tempo foi passando e nada de a Gloria Books depositar os meus eurozinhos. E-mails não adiantaram. Foi preciso que minha mulher ligasse para eles e se fizesse passar por minha agente literária. Depois, uma amiga em Londres também ligou e disse que era minha advogada. Só assim acabei recebendo por minha pequena contribuição à obra milionária.

Cinco anos depois, fui convidado para trabalhar na Editora Magma Cultural e na Oscip Ama Brasil, empresas coligadas que tinham o direito de fazer livros sobre Pelé e erguer o seu museu, em Santos. Tornei-me curador do Museu, fui consultor do livro *Pelé – Primeiro tempo* e escrevi *Segundo tempo, de ídolo a mito*, trabalhos que me permitiram conversar algumas vezes com Pelé, o personagem mais importante e vitorioso do futebol.

Por me dar a oportunidade de mostrar que até mesmo Pelé teve de superar enormes dificuldades para reinar no esporte mais popular do mundo, *Segundo tempo* é um dos livros que escrevi com mais prazer. Com um projeto gráfico primoroso de Clero Junior, considero-o uma obra de arte barata. Não é preciso ser xeique ou banqueiro para adquiri-lo.

## O PRAZER DE DESCOBRIR COISAS

No JORNALISMO, ÀS VEZES o fato importante, que pode gerar uma matéria de grande repercussão, não é aquele buscado em fontes quase inacessíveis, em um processo penoso e demorado, mas o que está bem diante dos nossos olhos. Descobrir os detalhes além das aparências é um exercício excitante e já me deu a oportunidade de fazer bons trabalhos.

No caso, não se trata apenas de curiosidade, característica comum a todo jornalista, mas da busca da informação escondida em uma notícia ou um documento. É o pormenor que passou despercebido aos outros. Enfim, é pesquisa, e eu englobo tudo como conhecimento, pois significa o interesse de saber mais sobre algo.

Para ser mais claro, nada como um exemplo. Na redação da sucursal de *O Globo* éramos apenas quatro para cobrir todos os esportes de São Paulo. Como competir com as concorridas redações de cerca de dez jornais diários paulistanos? Argúcia era a resposta. Tínhamos de estar alertas a toda oportunidade.

Quando a Seleção Brasileira Feminina de Basquete viajou para uns jogos na Europa, não pudemos cobrir o embarque, mas li, na matéria do *Jornal da Tarde,* que a cestinha Hortência havia subido as escadas do avião mancando. Constatei que na lista da delegação não havia nenhum médico, mas a mulher do presidente da Confederação Brasileira de Basquete estava lá. Foi o suficiente para uma matéria de grande repercussão, principalmente depois de Luciano do Valle destacar o fato em uma transmissão da TV Bandeirantes.

Usei mais ou menos o mesmo método quando era editor da *Revista Tênis* e queria informações sobre o treino da equipe brasileira da Copa Davis em um país da América do Sul. Não havia imprensa brasileira lá, então tive a ideia de acessar sites locais. Em um deles, soube que no treino daquele dia Guga tinha ficado tão irritado que quebrara a raquete. Fiz uma postagem sobre isso para o site da revista e o assunto virou manchete no UOL, o que provocou a queda do portal por excesso de acessos.

Sim, a grande notícia pode estar diante dos nossos olhos. Em junho de 2013, após ouvir os depoimentos do presidente do Barcelona sobre a compra de Neymar, juntei os dados e, principalmente, as datas, e cheguei à conclusão de que o jovem atacante do Santos já estava contratado pelo Barcelona quando jogou a final do Mundial Interclubes de 2012. Sob o título "Neymar jogou o Mundial já comprometido com o Barcelona", escrevi em 4 de junho de 2013:

Lições de jornalismo

Em novembro de 2011, um mês antes de entrar em campo para enfrentar o Barcelona pelo título mundial, Neymar havia recebido do clube catalão a primeira parte de um pagamento de 10 milhões de euros como adiantamento pela compra de seu passe. Ou seja, o garoto já estava comprometido com o clube que sonhava defender um dia. Então, fica a primeira pergunta: com que cabeça e ânimo o jovem craque deve ter entrado em campo para o jogo mais importante do Santos dos últimos 50 anos?

Assim, pela primeira vez um jornalista afirmou que Neymar já era do Barcelona quando jogou aquela decisão. Na verdade, qualquer um poderia ter chegado à mesma conclusão que eu, bastaria ter lido com atenção os depoimentos dos envolvidos no negócio.

Ler com atenção traz luz a muitas situações. Ao pesquisar e escrever a história do Santos para o livro *Time dos sonhos*, descobri que a tendência de dar espaço a jovens jogadores talentosos vem desde a fundação do clube, em 14 de abril de 1912, pois Adolpho Millon, de 16 anos, e Arnaldo Silveira, de 17, dois de seus fundadores, tornaram-se titulares da Seleção Brasileira dois anos depois.

A vocação para fazer muitos gols, que caracterizaria o "DNA ofensivo", também surgiu do livro. Outra descoberta interessante, baseada apenas em fatos que o tempo todo estavam embaixo do nariz de outros pesquisadores, é que de 1961 a 1963 o Santos de Pelé conquistou nada menos do que nove títulos oficiais consecutivos: os Paulistas de 1961 e 62; os Brasileiros de 1961 e 62; as Copas Libertadores de 1962 e 63; os Mundiais de 1962 e 63 e o Torneio Rio-São Paulo de 1963.

## TORNE-SE UM ESPECIALISTA

Percebeu que nada o(a) impede de ser especialista em um assunto? De gastronomia, moda e futebol até vida extraterrestre, todos os temas estão à sua disposição. Basta pesquisar em livros e revistas, no Google ou no YouTube. Em algum momento você poderá ser considerado(a) um(a) expert na matéria, o que lhe dará prestígio e oportunidades.

Provavelmente em outros países, de cultura mais sólida, ninguém seja considerado perito em algo após apenas algumas escaramuças na área. Lá fora se deve exigir um conhecimento mais aprofundado. No Brasil, país jovem, sem tradição de preservar a cultura e o conhecimento, quem sabe um pouco já vira mestre.

Tenho percebido isso ao longo de minha carreira de escritor. Mal lancei *Time dos sonhos*, com a história completa do Santos até o título brasileiro de 2002, e já me tornei uma das mais requisitadas fontes de consulta sobre a história do clube; lancei *Heróis da América*, a respeito dos Jogos Pan-Americanos, e fui convidado a dar várias entrevistas sobre a competição, a ponto de ocupar dois terços do "Programa do Jô", na TV Globo, e um programa inteiro do "Bate-Papo com Armando Nogueira", no SporTV.

Do tênis, então, nem se fala. Da primeira vez que escrevi uma matéria sobre o esporte, em 1978, para o *Jornal da Tarde*, tornei-me editor de três revistas dedicadas à modalidade, subeditor de outras duas, redator de tênis no *Jornal da Tarde* e em *O Globo*, repórter da Rádio Excelsior, editor da TV Record e comentarista nas TVs Cultura, Manchete, Record e Bandeirantes, além de ter escrito o livro *O tênis feminino no Brasil*, lançado pela Editora do Sesc em 1989.

Não escondo de ninguém que uma personalidade que me atrai é Pelé, o menino pobre de Três Corações que se tornou rei no esporte mais competitivo do planeta. Meu interesse por sua história me faz lembrar de fatos e descobrir coisas que passariam despercebidas a outros jornalistas, e essa facilidade de lembrar fatos de sua vida acabou me tornando uma referência, requisitado para entrevistas para veículos do Brasil e do exterior.

Durante algum tempo, dediquei-me também a um curso sobre redação jornalística, o que me levou a ser entrevistado por sites de estudantes, que, por sua vez, gerou um convite para

LIÇÕES DE JORNALISMO

participar de um trabalho para a Fundação Roberto Marinho sobre cidadania.

Enfim, em um país carente de jornalistas peritos, o caminho está aberto àqueles que estejam dispostos a se dedicar com afinco aos assuntos que mais lhe agradam. Dedicar-se àquilo de que gosta é uma fórmula infalível e pouco dolorosa de atingir o nível de especialista. Se você é jovem, vá em frente, pois tem a carreira inteira para chegar lá. Porém, esteja preparado para surpresas.

Conhece alguém que não ingere nenhuma bebida alcoólica, e mesmo em um brinde esquece o Prosecco e prefere um gole de água mineral? Pois é. Conheço muito bem um jornalista assim que, provavelmente, jamais deve ter imaginado escrever sobre bebidas. No entanto, pelas circunstâncias, tornou-se editor de uma revista sobre vinhos e hoje é um dos maiores conhecedores da bebida dos deuses.

O que quero dizer com isso é que ninguém nasce especialista em nada. O interesse de cada um é que vai demarcar esse caminho. Mas pode ser, também, que algo inesperado ocorra e, de repente, você se transforme em um profundo conhecedor de um assunto que hoje não lhe desperta a mínima atenção. A única verdade é que o jornalista deve estar aberto a todas as influências.

# 9 Ousadia

HÁ SITUAÇÕES EM QUE OS CAMINHOS NATURAIS DO JORNALISMO
PARECEM LEVAR A UMA BARREIRA INSTRANSPONÍVEL. NESSES MOMENTOS,
É PRECISO OUSAR, OU NÃO SE TEM UMA BOA MATÉRIA.

## O CAVALHEIRO ANDRÉS GÓMEZ

SUBEDITOR DA *REVISTA TÊNIS*, decidi usar meu mês de férias
para cobrir o US Open de 1986, em Nova York. O editor gostou
da ideia, só que havia um problema: a revista não tinha como
bancar minha viagem, apenas poderia pagar alguma coisa pelas
matérias. Consegui, então, acertar a cobertura do torneio com a
Rádio Record. Porém, havia outro problema: a rádio não tinha
como pagar, mas me dava a oportunidade de vender o patrocínio. Foi o que fiz, fechando com o Hobby Sports Club, de São
Paulo. Só que ainda havia mais um problema: o Hobby não
poderia pagar em dinheiro, mas em títulos de sócio. Sem outra
opção, aceitei.

Fui com minha mulher, Edna, que falava bem inglês e seria
minha intérprete. Porém, ela não conseguiu credencial. Só no
primeiro dia permitiram que ela me acompanhasse no trabalho.
Nos outros, sempre dependi de alguém ceder um ingresso para
ela. Um dia foi Ricardo Bernd, diretor da Tavares Kowarick; no
outro, Andrés Gómez, o tenista sul-americano mais bem classifi-
cado no ranking mundial.

Aos 26 anos, completados em 27 de fevereiro, Gómez, um
equatoriano de Guayaquil, estava entre os 20 do ranking mundial
de simples e entre os cinco do de duplas. Canhoto, com 1,93 m e
84 quilos, era um jogador agressivo do fundo de quadra, com
saque e *forehand* poderosos.

Eu planejava uma entrevista exclusiva com ele, mas, como disputava as chaves de simples e duplas, estava sempre às voltas com jogos, treinos e descanso. Nem mesmo quando foi eliminado na segunda rodada de simples foi possível. Mas consegui sua promessa de que não iria embora de Nova York sem falar comigo.

Um torneio de Grand Slam traz tantos fatos relevantes que deixam o jornalista atarantado. Você fica sem saber para onde olhar, com quem falar, em que história mergulhar mais fundo. Para complicar, Edna tinha desistido de mendigar ingressos e não estava indo aos jogos. Eu tinha de me virar sozinho com meu inglês macarrônico.

Antes de sua final de duplas, consegui lembrar Gómez da nossa entrevista, mas sua resposta me preocupou. Ele teria de pegar um voo para casa logo depois da partida e, se eu quisesse entrevistá-lo precisaria estar ao lado da quadra logo depois do jogo.

De um espaço reservado para a imprensa, na arquibancada, vi Gómez e o iugoslavo Slobodan Živojinović vencerem os suecos Joakim Nyström e Mats Wilander por 6/3 no quinto set. Desci e postei-me ao lado da quadra, esperando sua saída. Não poderia ficar ali, mas ninguém falou nada. Gómez saiu e fez sinal para que eu o seguisse.

Ele atravessou meia dúzia de portas e em frente de cada uma havia um segurança do seu tamanho. Fui atrás, esperando ser barrado a qualquer momento. Finalmente, Gómez entrou no vestiário. Parei. Sabia que ali era um lugar reservado apenas aos tenistas, e um homenzarrão de azul, maior do que todos os anteriores, não parecia disposto a fazer concessões.

Fiquei alguns minutos lá fora, esperando, mas era evidente que havia o risco de Gómez sair apressado e eu não conseguir entrevistá-lo. Criei coragem e balbuciei ao homem-armário que eu era parente de Gómez e precisava falar com ele. O homem me fez sinal para esperar e entrou. Voltou em seguida e, com um gesto, surpreendentemente liberou minha passagem.

LIÇÕES DE JORNALISMO

Comecei a entrevista e Gómez ainda tirava a roupa, continuei com ele no chuveiro. Falou de sua vida e carreira, dos rivais brasileiros e confessou que leu dez vezes *Cem anos de solidão*, de Gabriel García Márquez, pois a história lhe lembrava sua terra. Ao meu lado, carrancudo, um alemão pelado ouvia tudo, sem entender. Boris Becker acabara de perder a semifinal de simples para o tcheco Miloslav Mecir.

Voltei de Nova York com uma boa cobertura do US Open e a entrevista de Gómez. Uma semana depois, em 15 de setembro, o cavalheiro equatoriano apareceria como número um do ranking mundial de duplas. Seu melhor ano, entretanto, seria 1990, quando conquistou Roland Garros e alcançou a quarta posição no ranking de simples.

## ANDY WARHOL E A RAINHA

EDITAR O CADERNO DE Domingo do *Jornal da Tarde* não me dava apenas o prazer de criar pautas, escrever e fechar matérias, mas também de desenhá-las. No *JT*, o editor é quem diagrama as matérias de sua seção e isso me permitia um controle total sobre elas. Era excitante escolher as fotos, imaginar o visual, ousar soluções mais interessantes, seguir, enfim, o espírito criativo que originou o jornal.

Trabalhei sem nenhum tipo de censura durante uns dois anos, porém, numa noite qualquer entre 2000 e 2001, o Valtinho, chefe dos diagramadores, veio me dar a notícia de que Murilo Felisberto, o editor-chefe que voltava à casa, havia decidido que as páginas que não seguissem o projeto gráfico que ele criara não poderiam ser publicadas sem a sua autorização.

Considerado um dos grandes inovadores da linguagem gráfica dos jornais brasileiros, Murilo Felisberto tinha sido um dos fundadores do *Jornal da Tarde*, em 1966, ao lado de Mino Carta. Editor do jornal de 1968 a 1978, "Murilinho" tornou-se publici-

ODIR CUNHA

tário na década de 1980, atuando como diretor de arte e de criação na agência DPZ. Voltou à redação do *JT* em 2000, com o objetivo de reestruturá-la. Exigente e idiossincrático, pelas costas era chamado de "Rainha".

Eu continuava editando minhas páginas sem contratempos, até que um dia me vi diante de um dilema: só tínhamos uma foto, e ruim, para ilustrar uma matéria de página inteira sobre genética. O texto ia até a metade da página, ou seja, a outra metade teria de ser ocupada pela imagem de um homem de meia-idade sentado em sua escrivaninha. Aumentei a foto e não gostei do resultado. Achei outra solução.

Como a matéria falava de genética, reproduzi a mesma foto várias vezes, em muitos quadradinhos, que assim criaram uma imagem que lembrava o tema da matéria. Fiquei feliz com o resultado e desci a página ("descer" queria dizer fechar, pois era nos andares abaixo da redação que o jornal era montado para ser impresso).

Minutos depois, o Valtinho veio avisar que o Murilo queria falar comigo, e pediu para eu levar a matéria da genética impressa. Cercado por alguns jornalistas que ele havia contratado recentemente, Murilo estava concentrado em alguma outra coisa. Mal me viu, exclamou:

— Não gostei dessa página. Faça outra. Tire isso e aumente a foto.

Senti-me constrangido de ir até a sua mesa só para ouvir aquela ordem seca e nem poder me explicar. Quem o conhecia melhor sabia que o mais sensato a fazer era ir embora e deixar pra lá, mas já que eu estava ali e tinha boas razões para ter diagramado a página daquele jeito, não poderia simplesmente colocar o rabo entre as pernas e voltar para o meu lugar.

— Posso explicar? — perguntei, para espanto dele e de seus acompanhantes. Aproximei-me e disse:

— Não acho que ampliar essa foto é a melhor solução para a página. E isso que eu fiz não pode ser tão ruim, pois parte do mesmo princípio usado em algumas obras do Andy Warhol.

LIÇÕES DE JORNALISMO

— Andy Warhol?! — retrucou Murilinho. — Ele era veado. Por que você também não vai dar o rabo, como ele?

Respondi que Andy Warhol podia ter sido veado, mas era um gênio, e já ia voltando para o meu lugar quando o Murilo me chamou:

— Faz o seguinte: imprima as duas páginas e mostre para o Kinjô. Aquela que ele escolher pode descer.

Fiz isso e levei as páginas para o mesão, onde ficava Celso Kinjô, o editor antes de Murilo chegar. Kinjô era uma espécie de subeditor e fechava a primeira página, acompanhado do Coruja, redator. Eu só mostrei as duas páginas e perguntei qual ele achava melhor. No mesmo instante Kinjô apontou para a minha, dizendo algo como "é essa, claro", no que foi acompanhando pelo Coruja, que balançou a cabeça, afirmativamente.

Só depois do fechamento é que me sentei no mesão, ao lado de Kinjô, e lhe contei a história toda, de como sua opinião foi a que decidiu a querela entre mim e o Murilinho. Ele não gostou nada de saber. Parou o que estava fazendo, olhou-me e disse:

— Pô, Odir, assim você me ferrou!

## À ESPERA DE AMYR KLINK

O CADERNO DE DOMINGO não tinha equipe de repórteres. Vivia de freelancers ou trabalhos esporádicos de repórteres de outras áreas do *Jornal da Tarde*. Porém, quando a matéria era mais importante, o coordenador Pedro Autran Ribeiro, ou o diretor Fernão Lara Mesquita, fazia questão de que eu a fizesse. Assim, fui escalado para cobrir a chegada do navegante solitário Amyr Klink, que em janeiro de 1999, após 88 dias e 14 mil milhas náuticas, retornava a Paraty depois de circum-navegar o Polo Sul, cruzando os oceanos Atlântico, Índico e Pacífico entre as latitudes 50º e 65º S.

Já tinha feito algumas matérias sobre aquela viagem, muito perigosa, em um dos mares mais tormentosos da Terra. Em um momento crítico, Amyr teve de se amarrar ao mastro para não ser levado pelas ondas da tempestade que varriam o convés. Seu retorno era ansiosamente aguardado pela mulher, Marina, e pelas filhas, duas pequenas gêmeas.

Revi as informações que tinha sobre Klink e os detalhes de sua viagem, recebi uma lição rápida de como enviar a matéria pelo laptop, o que nunca tinha feito antes, e parti com o motorista e o fotógrafo para Paraty, onde nos instalamos em uma pousada às margens de um riozinho.

Logo fiquei sabendo, porém, que antes de falar com os jornalistas Amyr tomaria café com o pessoal da Rede Globo, no programa "Bom Dia Brasil". Ir até lá para fazer uma matéria requentada não estava nos meus planos. Descobri também que ele atracaria em sua ilha, onde tem casa, e Marina e as filhas o estariam esperando.

A Ilha do Bexiga tem apenas 0,14 km$^2$ de área e nela, além da casa de Amyr, ficam as ruínas de um dos sete fortes que faziam a defesa de Paraty. A praia mede apenas 30 metros. Lá ele desembarcaria durante a madrugada e só depois iria para o continente, a fim de dar a entrevista coletiva.

Decidi, então, que alugaríamos um barco e ficaríamos ao largo, próximos da ilha, esperando o navegante chegar. Mas alguns problemas funcionais atrapalhavam: era sábado e não havia ninguém no jornal para autorizar a despesa, eu não tinha cartão de crédito e os barqueiros também não aceitariam (dinheiro de plástico não era tão comum como hoje). Mesmo assim, fomos ao porto de Paraty conversar com os donos de barcos de aluguel.

Logo engatei o papo com um deles, um sujeito simpático, com pouco menos de 40 anos, que conhecia Amyr desde as estripulias de infância. Falei de nossa intenção, ele gostou da ideia e cobrou 300 reais pela viagem. Sugeri pagar com cheque, ele aceitou sem problema e assim embarcamos para receber o herói.

Nunca tinha visto tantas estrelas, nem no planetário. Ficamos um tempão ali, no escuro, olhando o céu, bebericando uma cervejinha e tentando vislumbrar alguma coisa, a uns 100 metros da areia. Amanheceu e nada. Em determinado momento, Marina, que eu já conhecia, surgiu na praia, também olhando o horizonte. Ficamos um tempo em silêncio, ela lá, a gente no barco, sem querer ser intruso. Uma hora criei coragem e gritei quem eu era e perguntei se o Amyr falaria primeiro com a Rede Globo. Ela vivia um momento tão especial, de tanta expectativa, que poderia simplesmente me ignorar, eu entenderia. Mas Marina respondeu que não, ele estava indo direto pra lá.

Logo mais, surgiu o Paratii, com Amyr no leme. Nosso barqueiro deu um grito e lhe jogou uma maçã. Amyr sorriu, pegou a maçã e exclamou: "Que maravilha, era isso que eu queria, uma maçã geladinha". Quando Amyr desceu do barco e caminhou até a praia, nós o seguimos. Nosso fotógrafo foi o primeiro a captar, de pertinho, as imagens de Amyr e Marina se beijando, com as filhas penduradas nos braços.

A matéria ficou redondinha, com muitas informações, detalhes, histórias das diabruras de Amyr e do irmão mais velho do nosso barqueiro, que desde pequenos brincavam de navegar por aquelas ilhas todas. Algum tempo depois, Denise Godoy, editora da revista *Náutica*, me disse que mostrou a matéria à sua equipe escalada para cobrir a chegada de Amyr e disse que era aquilo que eles deveriam ter feito.

## TIREM A MÃO DESSE HOMEM

Naquele finalzinho da década de 1970, a Portuguesa era uma equipe respeitada. Tinha sido campeã paulista em 1973, vice-campeã em 1975 e revelava bons jogadores, sendo considerada a quinta equipe grande do estado. Seu presidente, porém, tinha fama de temperamental. Brigava regularmente com a imprensa e costumava punir de modo severo seus jogadores após um resultado frustrante.

Em 1972, depois da derrota para o Santa Cruz, Oswaldo Teixeira Duarte – era esse seu nome – afastou do time os titulares

Marinho Perez, Lorico, Ratinho, Piau, Samarone e Hector Silva. Ainda assim era amado pelos torcedores, pois brigava pelos interesses do clube. Entre 1972 e 1973, mobilizou a colônia portuguesa para remodelar o Estádio do Canindé, hoje com capacidade para 21 mil pessoas e denominado, oficialmente, "Doutor Oswaldo Teixeira Duarte".

No segundo semestre de 1978, a Portuguesa contava com um centroavante que formava temida dupla de ataque com Enéas, o craque do time. Carioca de Madureira, o grandalhão Alcino, de 1,90 m e 87 quilos, fizera sucesso no Remo, de Belém do Pará, tornando-se artilheiro dos campeonatos paraenses de 1973, 74 e 75, e também no Grêmio, de Porto Alegre, pelo qual obteve a artilharia do campeonato gaúcho de 1976.

Mesmo um tanto desajustado e chegado a uma bebida, Alcino costumava resolver. No Remo, chegou a ser tirado de uma boate, bêbado, tomou uma ducha, entrou no clássico contra o Paysandu e marcou dois gols. O homem parecia indestrutível. Porém, foi pego em um exame antidoping, em 21 de outubro de 1978, após marcar o único gol da vitória sobre o Paulista de Jundiaí, e o mundo caiu sobre sua cabeça.

Alegou que tomara um remédio para emagrecer receitado pelo médico do clube, mas mesmo assim a perspectiva era de uma pena de 180 dias de suspensão para ele e perda de pontos para a Portuguesa. Como era de esperar, o presidente Oswaldo Teixeira Duarte ficou maluco com os prejuízos ao clube e com a cobertura sensacionalista de uma parte da imprensa, já que casos de doping, raros naqueles tempos, geravam muitos comentários.

Em meio àquele turbilhão, fui escalado para ir ao Canindé entrevistar Alcino, que tinha sido visto por lá. Para essa matéria o editor de fotografia escalou o jovem Armando Prado, com quem eu já tinha feito alguns trabalhos antes.

No clube, claro, o ambiente era sombrio. Torcedores típicos da Portuguesa, de camiseta regata branca, comiam tremoços nos quiosques, taciturnos. Dirigimo-nos à recepção.

Esperamos algum tempo sem que ninguém nos atendesse. Se perguntávamos a alguém sobre Alcino, a pessoa dava de ombros ou não dizia nada e seguia em frente. Estava claro que, envenenados pelo seu presidente, não queriam falar com jornalistas. Tínhamos três opções: ficar sentados ali indefinidamente, voltar para o jornal sem a notícia ou tentar encontrar o jogador.

Depois de alguns minutos em que a recepção ficou deserta, resolvemos entrar. Passamos uma porta, outra, e não se via ninguém. Além do horário comercial, o clube parecia deserto. Seguimos. Fomos abrindo as portas das salas e olhando. Nada, nada... Até que em uma delas vimos uma mesa, no outro extremo da sala, com três pessoas: Alcino, o presidente Oswaldo Teixeira Duarte e um senhor de terno que, viemos a saber depois, era advogado. Antes que eu pudesse dizer algo, o presidente se levantou e veio em nossa direção, aos berros.

Antes que fôssemos agredidos, recuamos de volta à recepção. Nisso, os três saíram em direção ao estacionamento, e Teixeira Duarte, andando na frente, gritava para que os sócios nos quiosques ouvissem: "Não encostem nesse homem que eu mato! Expulsem essa imprensa filha da puta! Expulsem essa imprensa filha da puta!"

Incentivados por seu presidente, os sócios vieram para nos arrebentar. Corremos para o carro, perseguidos pela turba. Sem ouvir Alcino, a matéria se resumiu ao nosso quase linchamento. A partir daquele dia, a imprensa esportiva de São Paulo passou a se referir ao presidente da Portuguesa apenas por suas iniciais: OTD.

## UM CAMPEÃO IMPULSIVO

ÀS VEZES A OUSADIA está em fugir da zona de conforto e realizar algo diferente. Dá mais trabalho, mas faz a gente se sentir repórter. Tive esse sentimento no começo de 1984, quando uma rotina estafante passou a me impedir de fazer matérias especiais.

Somando a Rádio Excelsior e o jornal *O Globo*, meu expediente se estendia das sete da manhã às onze da noite. Sem tempo para produzir textos elaborados e sem receber pautas interessantes, cheguei a pensar em sair do jornal. Abri meu coração para o editor de esportes, Eduardo Hollanda, e ele, compreensivo, propôs que eu sugerisse uma pauta.

Lembrei-me de um piloto brasileiro da Fórmula 3 que eu acompanhava havia algum tempo e, naquele início de 1984, estava estreando na Fórmula 1, pela Toleman. Como o piloto australiano Alan Jones, campeão mundial em 1980, tinha tentado voltar às pistas, mas fora obrigado a desistir por má condição física, propus um teste físico com o tal piloto brasileiro.

O editor de esportes no Rio, Renato Maurício Prado, achou a pauta boa, mas havia uma ressalva: o jornal não tinha verba para pagar o preparador físico. Eu teria de encontrar alguém que concordasse em fazer os testes de graça. Na mesma hora pensei em Nuno Cobra.

Treinador de tenistas infantojuvenis do clube Paineiras do Morumby, Nuno era um profissional inteligente, solícito, com boas ideias, que conheci no final de 1980, quando fui para a revista *TênisEsporte*, e que depois levei para a revista *Play Tennis News*.

Ele nunca tinha ouvido falar em Fórmula 3, Fórmula 1 e muito menos no piloto, que se chamava Ayrton Senna. Expliquei que alguns especialistas já diziam que o rapaz seria campeão mundial. Disse ainda que não havia cachê, mas que o *Globo* tinha uma tiragem diária de 500 mil exemplares, a matéria seria editada em uma página inteira e ele ficaria conhecido em todo o Brasil.

Marcamos o teste para um dia de fevereiro, no Centro Olímpico do Ibirapuera. Fui de ônibus. Ayrton já estava me esperando ao lado de seu Escort vinho conversível. Descemos até a pista de atletismo, onde Nuno nos aguardava com prancheta e cronômetro na mão. Sem cerimônia, foi cumprimentando Ayrton – "E aí, garotão?" – e começou a explicar como seriam os testes.

Havia o de reflexos, a corrida de resistência, a de velocidade. Após cada etapa, ele colocava os dedos em pinça no pescoço de Ayrton e media a pulsação. Era meio engraçado ver Nuno apertando o pescoço de um futuro campeão mundial de Fórmula 1, que atendia às ordens passivamente.

Ao ter de se agachar para tocar o chão rapidamente, em pontos alternados, Ayrton rasgou ao meio a sola de seu tênis novo, aproximou-se de Nuno, mostrou a língua enorme pendendo do calçado e apenas murmurou: "É, rasgou..." Nuno passou-lhe o teste de corrida e esperou ele partir para me confidenciar:

— Odir, esse cara me dá medo.

— Por quê, Nuno?

— Ele é muito impulsivo. Isso, para um piloto, é perigoso, não?

Claro que era. Expliquei que um piloto de Fórmula 1 tem uma velocidade-limite para cada curva; se a ultrapassa pode sofrer um acidente. Nuno ficou sério. Ele tinha se preparado para a matéria lendo um trabalho do cardiologista Franklin Delano Galvão, da USP. Já sabia, por exemplo, que o coração de um piloto ultrapassava 100 batimentos cardíacos no momento da largada.

Ao ir para sua casa, na Cantareira, Ayrton me ofereceu carona. No caminho, disse que tinha gostado dos testes. "Achei que seria uma coisinha boba, mas foi um negócio sério." Aproveitei a deixa e enchi a bola do Nuno. Sabia que Ayrton tinha interrompido o trabalho com um preparador físico do Rio.

— O Nuno é um cara sério, idealista, e não é caro. Por que não liga pra ele?

— Você tem o telefone dele aí?

Anotei o telefone do Nuno e coloquei o papel no console. Fiquei na redação d'*O Globo*, na esquina da Consolação com a São Luís. Na vez seguinte que encontrei Ayrton, ele fazia testes na USP, com a presença da France Presse e da revista *Quatro Rodas*. Ele e Nuno permaneceram juntos até maio de 1994, quando seu carro desgarrou em uma curva.

## EM BUSCA DO PRÊMIO ESSO

UM SONHO, LOGO QUE decidi ser jornalista, era ganhar o Prêmio Esso, o mais importante do jornalismo brasileiro. Tive a felicidade de fazer parte da equipe do *Jornal da Tarde* que conquistou o Prêmio Esso de Informação Esportiva pela cobertura da Copa do Mundo de 1978, mas ali se tratava de uma turma imensa, com uns 20 profissionais. Alimentava, ainda, a vaidade de ter um Esso com meu nome. Imaginei que isso seria possível com a cobertura dos Jogos Pan-Americanos de Porto Rico, em 1979.

Voltei do Pan e fui ao arquivo do jornal ver como tinham sido editadas as duas semanas de matérias diárias sobre o Pan. Com exceção de uma ou outra página, não gostei da diagramação. As notícias e entrevistas que enviamos, por telex, davam a impressão de ter sido empaçocadas de qualquer jeito. Mas havia muita coisa boa ali; o volume de informações tornava a cobertura interessante, melhor do que a dos outros maiores jornais diários.

Eu sabia que grandes jornais, como *O Globo*, *Jornal do Brasil* e *Folha*, tinham enviado menos repórteres para San Juan, o que os obrigou a cobrir apenas o dia a dia, sem tempo para matérias especiais, que são fundamentais para alcançar um prêmio como o Esso. Já o *Jornal da Tarde*, além de contar com Castilho e eu, podia utilizar uma ou outra matéria de Ney Craveiro e Luiz Fernando Lima, de *O Estado de S. Paulo*. Julguei que, como naquele ano não houve nenhuma outra grande competição esportiva, poderíamos inscrever nossa cobertura no Esso. Falei com o Castilho, mas sua reação não foi nada animadora:

— Esquece, Odir, não tem chance.

— Mas não teve nada mais importante no ano, Casta — insisti.

— Não dá, Odir — arrematou ele, já meio impaciente.

Como, para todos os efeitos, eu ainda era um foca, não sei até que ponto poderia tomar a iniciativa de inscrever nossa cobertura no Esso, mesmo sem o consentimento do Castilho. Confesso, porém, que às vezes não sei a diferença entre persistência e tei-

LIÇÕES DE JORNALISMO

mosia. Assim, procurei saber o que era preciso para fazer a inscrição. Quase desanimei.

Eram necessárias várias cópias de cada página da cobertura, além de um exemplar original de cada edição. Afora as matérias, eram imprescindíveis as chamadas de capa do Caderno do Esportes e da primeira página do *JT*. Duas semanas de evento, mais alguns dias antes e outros depois do Pan, somavam cerca de 70 páginas a ser xerocadas. Isso não podia ser feito no arquivo, teria de ser executado no depósito do jornal, na Lapa. Pedi a dois contínuos que executassem a tarefa por mim e adiantei um dinheiro para as despesas, além de prometer dividir uma porcentagem do futuro prêmio com eles.

Levei a ficha de inscrição para o editor Laerte Fernandes assinar. Tive medo de que ele rejeitasse, dizendo algo como "quem é você para achar que já pode inscrever uma matéria no Prêmio Esso em nome do *Jornal da Tarde*?" Mas Laerte só quis saber onde ele assinava. Mostrei, ele assinou, e, oficialmente, Castilho de Andrade e eu passamos a concorrer ao Prêmio Esso de Informação Esportiva de 1979.

Alguns meses depois, eu estava em Ribeirão Preto, cobrindo um jogo entre o Comercial e o Flamengo pelo Campeonato Brasileiro, quando no intervalo da partida o correspondente Sidney Quartier, eufórico, veio me cumprimentar, dizendo que eu e Castilho tínhamos ganhado o Prêmio Esso.

O júri, formado pelos jornalistas Paulo Amorim (*Jornal do Brasil*), Carmo Chagas (*Veja*), Luís Carlos Lisboa (*O Estado de S. Paulo*), Joel Silveira e Mário de Moraes concluiu que a cobertura do *Jornal da Tarde* se destacou por mostrar aspectos inusitados da competição.

Em 20 de dezembro de 1979, Wandyr Nogueira, gerente de relações públicas da Esso, foi à redação do *Jornal da Tarde* entregar o prêmio ao Castilho e a mim. Mais dois coordenadores da Esso e o editor Laerte Fernandes participaram da cerimônia. Coloquei meu blazer surrado e recebi o diploma, que guardo na parede do meu escritório. De minha parte do prêmio em dinheiro, fiquei com a metade. A outra dividi com meus solidários contínuos.

# 10 Criatividade

EVENTUALMENTE O MELHOR TEXTO PODE NÃO SER O MAIS CRIATIVO;
PORÉM, AQUELE QUE BUSCA FÓRMULAS NOVAS SEMPRE CHAMA MAIS A ATENÇÃO.
CRIATIVIDADE É UMA DAS EXPRESSÕES MAIS PRECIOSAS DO TALENTO.

## AMBIENTE CRIATIVO

COMECEI NO JORNALISMO PROFISSIONAL mergulhado no ambiente mais criativo que uma redação de jornal diário já teve. No *Jornal da Tarde* a ordem era escrever bem, claro, mas diferente. Ao adotar o novo jornalismo, hoje chamado jornalismo literário, o veículo rompia as barreiras das fórmulas prontas e nos permitia asas à imaginação. Tudo concorria para isso. Da admiração pelos caras que eram os "puta texto" e os "puta lide" ao incentivo constante dos veteranos para que lêssemos os autores certos.

O livreiro João, que nos visitava todas as semanas, sabia que não podiam faltar os livros de Ernest Hemingway e Gay Talese, papas daquele estilo que procurávamos seguir.

Saboreávamos o texto e a maneira como Talese driblou o fato de Frank Sinatra não querer falar com ele. Gastou seis semanas seguindo o astro em Las Vegas e no final concluiu: "Ganhei mais o observando e ouvindo-o a distância e notando as reações das pessoas que o rodeavam do que se houvesse conseguido sentar-me ao seu lado e conversar com ele".

Escrever o perfil de alguém que não quer nos dar entrevista é um desafio que todo jornalista acabará enfrentando. Talese levou três meses para conseguir informações suficientes e redigir as 39 páginas publicadas no livro sobre o lendário ator e intérprete que era chamado de "A Voz". O título da matéria explicava, em parte, o mau humor do astro: "Frank Sinatra está resfriado".

Descrição e diálogos eram o tempero dos textos de Talese e Hemingway. Talvez eu tenha demorado um tempo para perceber isso e aprender a usá-los; lembro bem que com menos de dois meses de redação perguntei à colega Rachel Melamet o que estava achando das minhas matérias e ela respondeu que estavam boas, mas muito comuns. Como já disse, escrever de forma vulgar era um crime no *JT*.

Mas criar, e bem, obviamente não é tão fácil. Sair da chamada zona de conforto implica riscos. É mais seguro escrever de uma forma que a maioria vai achar boa do que tentar algo mais e fracassar. Conheço jornalistas que jamais arriscaram fugir do padrão tradicional do texto bom e correto. No *Jornal da Tarde*, porém, tive a sorte de ter copidesques que me incentivaram a exercitar a criatividade.

— Tente, Odir, pode tentar. Se você escorregar, a gente corta os excessos e o texto ainda fica bom e criativo. Agora, se você fizer um texto sem sabor, não vai dar para a gente colocar o molho — disse-me certa vez Pedrinho Autran, um cópi do Esporte que ajudava muito os novatos.

Bem, se os cópis me davam carta branca, aí era que eu ousava mesmo. Em um dia de março de 1980, por exemplo, minha pauta era saber por que Serginho, do São Paulo, tinha tantos problemas com os árbitros e vivia sendo expulso. Além do próprio jogador, ouvi o técnico Carlos Alberto Silva e o diretor de futebol José Dallora, mas veio do preparador físico Pedro Pires de Toledo a descrição que usei para abrir a matéria:

> Ele tem uma porção de coisas que atemorizam: olhos grandes, boca enorme, muitos dentes, voz grossa e é um preto alto e forte.

Fui cumprimentado por comparar Serginho ao Lobo Mau, mas meu mérito foi só pinçar a melhor resposta e não a mais oficial. Enfim, podíamos usar qualquer recurso para iniciar uma matéria, desde que fosse interessante e atraísse o leitor.

Arrisquei aberturas de todo jeito que se pode imaginar, mas, creio, ninguém superou o lide de um copidesque que trabalhou no *JT* antes de mim e do qual, infelizmente, não me lembro o nome. Para falar sobre um atleta velocista, o cópi cronometrou várias vezes o tempo de leitura do próprio texto, até que perpetrou a seguinte frase:

> O tempo que você leva para ler essas linhas é o mesmo que fulano de tal gasta para correr os 100 metros rasos.

## JORGE DE SOUZA FALTA AO ENSAIO

GOSTEI MUITO DE PRODUZIR o "Balancê" e de não deixar a peteca cair. Mas nem tudo eram flores. Um ambiente muito descontraído pode gerar alguma bagunça, e se há algo em rádio que é religioso, é o horário da programação.

Depois de chamado duas vezes à sala do diretor Francisco Paes de Barros para impedir os estouros de tempo, fui prevenir Fausto Silva, o apresentador do "Balancê", para que não se alongasse no final, e ele me ofendeu. Falei com Edison Scatamacchia, chefe da equipe de produção, e pedi para ele me colocar em outro programa. Scata ficou indignado e sugeriu que eu demitisse o Fausto. Jamais faria isso. O "Balancê" era o programa de maior audiência da Excelsior e Fausto estava se saindo bem como apresentador. Nos bastidores dava poucos problemas e o público parecia gostar dele. Então, o melhor era eu me mudar.

Algum tempo depois, estreei na produção da jornada esportiva da Rádio Globo, o horário de maior audiência do rádio esportivo de São Paulo. Em vez de começar às 14h, a jornada passou a iniciar ao meio-dia, ou seja, eu tinha quatro horas de programação para produzir.

O trabalho consistia em, durante a semana, editar entrevistas com personalidades e deixá-las prontas para domingo, além de colocar pessoas para conversar com Osmar Santos ao vivo. Eu também escolhia uma música e compunha textos poéticos harmonizando com seus versos. O texto era lido pelo Osmar em sua entrada triunfal.

Certa semana, porém, Osmar teve uma ideia diferente. O técnico Telê Santana voltava a ser cogitado para dirigir a Seleção Brasileira, o que fizera dois anos antes, na Copa de 1982. Só que Telê estava trabalhando na Arábia Saudita e as ligações telefônicas para aquele país caíam muito facilmente. Seria impossível mantê-lo muito tempo no ar. Então, Osmar sugeriu que eu gravasse as perguntas de vários jornalistas e depois as fizesse todas de uma vez para Telê.

Passei as perguntas para o papel, liguei para Telê e expliquei: "Essa pergunta é de fulano de tal, responda como se estivesse falando com ele". Fiz todas elas. No domingo, Osmar anunciava: "Agora o jornalista tal, de tal veículo, está na linha para fazer uma pergunta ao Telê". A pergunta era feita, o técnico respondia, tudo redondinho. Isso durou mais de uma hora. Os repórteres da Globo disseram que os colegas de outras emissoras ficaram abismados de saber que a Globo estava segurando o Telê no telefone, da Arábia Saudita, por tanto tempo.

Na técnica central, os sonoplastas suavam frio, enchendo o grande rolo de áudio de papeizinhos. Se uma pergunta, ou resposta, saísse do ponto, o trabalho todo se empastelava. Mas o pior ainda estava por vir.

O jogador Zico estava na Itália e Osmar queria que eu o colocasse no ar durante a jornada para a equipe da rádio conversar com ele. Porém, além do risco de cair a linha, Zico teria um compromisso naquele horário e não poderia ficar tanto tempo à disposição. Combinei com o Osmar quais seriam as perguntas, liguei para o Zico e gravei todas as suas respostas. Também designamos quem da equipe faria cada pergunta e eu as datilografei em várias cópias, que foram distribuídas a todos antes de irem para seus postos, no domingo.

Na frente de cada pergunta havia o nome de quem deveria fazê-la. Assim, Osmar fez a primeira e Zico respondeu; depois, Oswaldo Maciel, de Campinas, devidamente orientado, pediu para fazer a sua. Fez, e nova resposta de Zico, no ponto. Em seguida, Antonio Edson, Loureiro Junior, Carlos Aymard, Braga Junior, Henrique Guilherme... Tudo ia muito bem quando o narrador Jorge de Souza, que tinha folgado durante a semana e não sabia do acordo, teimou que também queria perguntar algo ao Zico. Osmar ignorava os pedidos de Jorge, até que este fez um discurso eloquente defendendo seu direito de participar do debate. Resignado, Osmar decretou: "Corta o Jorge!" E assim foi feito.

## ASSESSORIA DE IMPRENSA FORA DO PADRÃO

Em 1987 o jornalista João Pedro Bara e eu abrimos a Ampla Comunicação, uma empresa de assessoria de imprensa. De sangue árabe, bom para os negócios, João priorizou os contatos comerciais; eu fiquei com a parte jornalística, que queria dizer pensar em maneiras de divulgar nossos clientes. Naquela época, o filé mignon era levar alguém para ser entrevistado pelo Jô Soares em seu programa, apresentado ainda no SBT.

Porém, alguns assuntos pareciam impossíveis de gerar uma pauta interessante. Como oferecer o especialista em recursos humanos Peter Harazin, da Hicon, ou ainda um expert em software? Bem, no primeiro caso, transportamos os muitos problemas do país para uma empresa fictícia, que chamamos de "Brasil S/A", e sugerimos Harazin para dizer quais seriam as soluções para essa instituição. Deu certo e Harazin, muito seguro, deu informações relevantes, que agradaram ao apresentador e ao público.

Mais complicado era agendar o perito em software. Está certo que a internet ainda não era tão popular e nem havia tantos especialistas como hoje, mas mesmo assim o assunto não parecia envolvente. Porém, nas conversas com o cliente, descobrimos que estávamos chegando perto de uma data sinistra, uma sexta-feira 13, mesmo nome dado a um vírus que podia causar terríveis danos aos computadores.

A imprensa dava muito destaque ao vírus fatal da aids, doença então incurável que estava matando muita gente famosa e espalhava terror entre a população. Usei esse gancho para vender a ideia de que computadores também se infectavam. A produtora Anne Porlan gostou da sugestão, levou para a reunião de pauta do Jô e nosso técnico em informática viveu, literalmente, seus 15 minutos de fama.

Na Ampla, procurávamos acreditar que tudo podia ser divulgado, desde que achássemos o enfoque jornalístico correto. Quando divulgávamos o Projeto Acqua, a primeira academia de mergulho do Brasil, sugerimos que o cliente realizasse uma competição da pouco conhecida natação equipada, em que se usa pé de pato, máscara e respiradouro. A competição foi marcada, mas, além da novidade, faltava um chamariz para atrair a imprensa.

Em conversa com um praticante, fiquei sabendo que o uso do pé de pato fazia que ele nadasse mais rápido do que qualquer nadador convencional, inclusive os recordistas brasileiros. O gancho estava ali. Convocamos a imprensa para testemunhar a prova do nadador mais rápido do Brasil. Jornais e tevês vieram, com ótima divulgação para o novo esporte e para o Projeto Acqua.

Às vezes, a criatividade se junta à ousadia, e para conseguir um bom espaço na mídia é preciso ter coragem para romper barreiras. No início de 1990, atendíamos a Festo Automação Industrial e ficamos sabendo, por um gerente da empresa, de um caso bem relevante, mas que entrava na área política.

O gerente da Festo revelou que a empresa tinha todas as peças que o Governo de São Paulo havia importado de Israel para a Universidade de São Paulo, com o detalhe de que na Festo elas custariam menos da metade do preço. Sugeri, em reunião com a diretoria da empresa, que botássemos a boca no trombone. Eu tinha bons contatos na *Folha de S.Paulo* e sabia que era o tipo de matéria para a qual dariam um ótimo espaço.

A preocupação, justificável, da direção da Festo era de que a empresa se tornasse vulnerável depois da exposição na mídia e sofresse represálias do governo de São Paulo, à época comandado por Orestes Quércia. "O Quércia é muito poderoso", ouvi de um diretor. Tive de concordar, mas argumentei que ele teria menos poder depois da publicação da matéria.

Só sei que confiaram em mim, vendi o peixe para a *Folha* e o jornal deu matéria de página inteira, comparando peça por peça. Ficava evidente, ali, o superfaturamento provocado pela importação sem a necessária licitação. O caso ganhou tais proporções que jogou a carreira política de Quércia no ostracismo. E foi importante para mostrar que a Festo, no Brasil, produzia peças de automação do mesmo nível das melhores do mundo.

## LOURINALDO, PEQUENO E EU

PAUTEIRO DO ESPORTE DO *Jornal da Tarde*, Roberto Avallone tinha boas sacadas. A obsessão pelo Palmeiras o atrapalhava, pois fazia que desse um espaço às vezes desproporcional ao alviverde, mas tinha sensibilidade para perceber os assuntos mais importantes do dia e criava pautas que chamavam a atenção.

Uma das soluções recorrentes de Avallone era usar a música para divulgar grandes clássicos de São Paulo. Quando trabalhou um tempo na produção da rádio Jovem Pan, em 1978, pediu-me para compor uma música em homenagem a Ademir da Guia, já no ocaso da carreira. Compus, no estilo bossa-nova, e gravei no estúdio da Pan. Ficou agradável.

Ao fazer o mesmo trabalho na Rádio Globo, Avallone também pensou em mim. Compus para um duelo entre Santos e Palmeiras e também, em ritmo de baião, para o clássico

Corinthians e São Paulo. Ele gostava. Volta e meia cantava um verso de uma das músicas, que falava do "professor Minelli contra o pai Brandão".

Compositor frustrado que era – e sou –, pois compus dezenas de músicas e na única gravada omitiram o meu nome, atendia aos pedidos de Avallone com prazer. Jamais ganhei um cachezinho que fosse, fazia aquilo por amor mesmo e era agradecido pelos convites.

Em meados de maio de 1979, ele veio com uma solicitação parecida, mas dessa vez não era para eu compor. Deveria acompanhar o jornalista Nicodemus Pessoa, o Pessoinha, da Editoria Geral do *JT*, até um bar do Brás conhecido por ser um ponto de encontro de repentistas. Eu levaria as informações sobre o clássico Palmeiras e Corinthians, a ser jogado no domingo, 20 de maio, e pediríamos para dois repentistas, cada um representando um time em disputa, travar um duelo de improviso.

Nordestino, Pessoinha valorizava esse lado da cultura de sua região e conhecia os cantadores do Brás. Fomos ao Bar Recanto dos Poetas Repentistas, onde, segundo um cartaz, "as horas passam com harmonia e poesia". Acertamos com Lourinaldo Vitorino, palmeirense, e José Pequeno, corintiano, ambos pernambucanos e bons na viola, que logo afinaram enquanto ouviam as informações que eu lhes passava sobre os dois times.

Liguei o gravador do jornal e ficamos ali, ouvindo a cantoria. Mas o texto não vinha todo pronto. De vez em quando eu tinha de interromper para corrigir uma informação errada. Quando achamos que o material já estava bom, tomamos uma cervejinha com os repentistas, pagamos pelo trabalho e fomos embora.

Na hora de tirar a fita, porém, surgiu um contratempo: nem tudo tinha sido gravado e o material disponível não parecia ser suficiente para preencher a página toda, espaço já reservado para a matéria. Além do mais, alguns versos estavam quebrados, rimando palavras idênticas ou sem sentido. Conversei com o Avallone e pedi mais verba para voltar ao bar e conseguir mais algumas estrofes dos cantadores. Ele respondeu que era impossível, que eu deveria ter visto isso na hora e o problema era meu.

Talvez ele tivesse razão, mas a maneira grosseira como reagiu me deixou irritado. No entanto, nem cogitei pagar os cantadores do meu bolso. Analisei as estrofes e percebi que eram sextetos de sete sílabas métricas, com rimas no segundo, quarto e sexto versos. Fui à sala de edição de arte, para ter um pouco mais de sossego, e fiz a primeira estrofe. Não era digna de Olavo Bilac, mas quebrava o galho. Fiz outra e mais outra. Juntei as que se salvaram dos repentistas e concatenei umas com as outras. O limite para o fechamento da matéria se aproximava, mas corri e entreguei umas 50 estrofes. Nem precisava tanto, já que só 33 foram publicadas, com grandes fotos dos repentistas. No dia seguinte, um trecho da matéria, de autoria indefinida, dizia assim:

Olha que estou pensando
Que tu erraste um pouquinho:
Lá vai ser um gol pra Jorge
E um gol para Toninho,
O outro pra Rosemiro
E o quarto pra Pedrinho.

Super Zé vai estar pertinho
Pois o jogo perigo tem,
O doutor Sócrates jogando
Com Palhinha também
É pra dar de seis a zero
E não perder de mais ninguém.

## A ARTE DO TÍTULO

PRODUZIR BONS TÍTULOS é uma arte superior, que só se adquire com estudo, vontade, tentativa e erro e feeling. Começo pela parte teórica, porque foram livros como *Criatividade em propaganda*, de Roberto Menna Barreto (Summus, 1982), que começaram a me desvendar o segredo de como juntar palavras em manchetes diferentes, interessantes e, é claro, chamativas.

Na verdade, a leitura e a composição de poesias já tinham me dado alguma noção de como construir frases curtas e fortes, mas foi o livro de Menna Barreto que me falou de técnicas e deu exemplos bem-sucedidos na publicidade. Desde então, li tudo que me caiu às mãos sobre texto criativo.

Por mais que se estude, porém, chega a hora de colocar esse conhecimento à prova, e aí é preciso coragem, pois é normal errar várias vezes antes de atingir uma média razoável de bons títulos. Por fim, há o feeling, a percepção de que determinada circunstância pede um esforço criativo maior.

Meus primeiros títulos aprovados foram meros palpites aceitos pelo redator. No jornal do colégio sugeri "Azevedo vice--campeão", pois só tínhamos perdido a final do handebol feminino na Olimpíada Infantojuvenil. O Carlos e o China concordaram. No *Jornal da Tarde*, em um domingo em que a Seleção Brasileira ganhou por 1 a 0 e o copidesque Nélio Lima queria completar a frase que começava com "O gol que salvou...", sugeri "...as aparências", e ele aceitou, apesar de muitas outras ofertas.

É envaidecedor conseguir que um redator experiente aprove o título que você, um repórter iniciante, propôs para a matéria. Entretanto, chegou o momento, anos depois, em que o cópi era eu, e tinha apenas alguns minutos para titular matérias prontas. Como fazer?

Confesso que não dá para ser criativo sempre. Já fiz essa pesquisa e concluí que 15% é um ótimo índice de criatividade para textos e títulos. Aos outros 85% bastam que sejam bem-feitos, precisos, elegantes, se possível. Acredito que todo jornalista que queira, realmente, ser criativo acabará sendo, mas tentar inventar bossas-novas o tempo todo costuma desandar a maionese.

No meu caso, batia um estalo quando percebia que podia usar palavras homônimas, aquelas que têm a mesma grafia e a mesma pronúncia, mas significados diferentes, e as parônimas, escritas e pronunciadas de forma parecida.

Em uma dessas oportunidades, deparei com uma matéria sobre o Palmeiras, na qual o técnico Rubens Minelli estava em dúvida sobre escalar ou não o atacante Bizu. O fato de Minelli estar preocupado com um jogador apenas mediano e com um apelido tão engraçado levou-me a cometer o seguinte título: "Bizu or not Bizu. Esta é a dúvida de Minelli".

Mais de dez anos depois, quando era editor do Caderno de Domingo do mesmo *JT* e estava ajudando no fechamento do Esporte, coube-me uma nota sobre o técnico Vanderlei Luxemburgo, bastante vitorioso na época, apesar de algumas mazelas na vida pessoal. O tamanho era limitadíssimo. O título tinha de caber em três linhas de no máximo 20 toques cada uma. Mandei ver:

Luxemburgo
e mais um título.
Protestado

O editor Murilo Felisberto passou uma mensagem interna a toda a redação copiando esse título e dizendo que era esse o espírito que ele queria ver de volta ao *Jornal da Tarde*.

Como editor de várias revistas, tive a oportunidade de criar títulos dos quais gostei muito, mas, como disse, apenas alguns poderiam ser definidos como criativos. Um dos que recordo é até meio óbvio, mas ficou interessante. A norte-americana Venus Williams foi vice-campeã do US Open aos 17 anos e logo tornou-se evidente que seria uma das melhores do mundo. Como editor da revista *Match Point*, fiz o seguinte título: "Venus se aproxima".

Anos depois, em 2005, ela venceu o torneio de Wimbledon pela terceira vez, e eu, já como editor de outra publicação do mesmo segmento, a *Revista Tênis*, não tive dúvidas e editei outra capa, com o título "Venus ataca".

Bem, espero que os leitores do tênis não tenham se lembrado da capa anterior, seis anos antes. Enfim, há nomes que geram bons títulos.

## JOÃO BOSCO CANTANDO COM ELIS REGINA

O "BALANCÊ", PROGRAMA DE maior audiência da Rádio Excelsior, já era muito criativo com a produção de Paulinho Matiussi, Yara Peres e Luis Carlos de Jesus. Quando me tornei o produtor do programa, em 1982, auxiliado pela produtora artística Lucimara Parisi e por Valdir Nogueira, trouxe minha herança inovadora do *Jornal da Tarde*, que, somada à inventividade do sonoplasta Johnny Black e à irreverência do apresentador Fausto Silva, fez que arriscássemos atrever mais a cada dia. O rádio abre outras portas. O som dá possibilidades impossíveis à palavra escrita, e era excitante experimentá-las.

Como se sabe, uma fita de áudio, girada ao contrário, parece alguém falando russo. Usei desse recurso, com a ajuda de Johnny Black, para simular uma entrevista com um líder soviético, creio que Mikhail Gorbachev. Passei as perguntas para o Fausto, que depois lia a tradução das respostas. Uma viagem...

Essa busca constante de situações criativas acaba fazendo soar um alarme quando uma grande oportunidade aparece. Você não sabe bem por quê, mas pressente quando está diante de algo muito bom. Tive esse pressentimento no programa de 19 de janeiro de 1983, uma quarta-feira, quando lembrávamos a intérprete Elis Regina, morta exatamente um ano antes, e contávamos com a participação, ao vivo, do compositor e intérprete João Bosco, que começou a ficar famoso depois de ter algumas de suas músicas gravadas por Elis.

Sempre que tínhamos uma grande expressão da música popular conosco, fazíamos que ela participasse do início e depois voltasse ao final do programa. Era uma forma de segurar a audiência.

LIÇÕES DE JORNALISMO

O problema, muitas vezes, era convencer o artista a ficar duas horas à nossa disposição, pois o "Balancê" ia ao ar, ao vivo, do meio-dia às duas.

Mas Bosco parecia bem feliz de estar ali e não demonstrava pressa de ir embora. Tive tempo de pensar em algo. Aliás, algo que eu já tinha imaginado. Se, para quem está ouvindo uma música no rádio, é indiferente se o cantor está vivo ou não, pois o que importa é a sua voz e a melodia, por que não trazer de volta Elis Regina e fazê-la cantar com um de seus maiores compositores?

Expliquei minha ideia ao João Bosco e ele topou na hora. Ele começaria dedilhando os primeiros acordes no violão e Johnny Black entraria com "O bêbado e a equilibrista", a música mais marcante da dupla. Pedi para o João fazer aqueles seus falsetes, como se Elis estivesse ao seu lado, segurando o andamento da música, enquanto ele estivesse livre para improvisar.

O resultado foi mágico. Aquele auditório de pessoas simples, muitas delas trabalhadores do metrô da rua das Palmeiras, que passavam seu horário de almoço ali, entendeu a importância do momento. Muitos acompanharam a música de pé e assim continuaram aplaudindo no final. Olhei para o Johnny, no aquário em que pilotava a mesa de som, e ele sorria nervosamente enquanto apontava o próprio braço, indicando que estava arrepiado.

Depois de um programa assim, nem é preciso dizer nada. Um olha para o rosto do outro e se sente agradecido. Até João Bosco se emocionou. Foi como se tivéssemos, ao menos pelo tempo que durou a música, revivido a voz e o talento de Elis Regina.

Sete anos depois, em 1991, a norte-americana Natalie Cole, em dueto com seu pai, Nat King Cole, gravou "Unforgettable", uma linda canção do início da década de 1950. O detalhe é que Nat King Cole morreu em 1965, aos 45 anos, quando Natalie era ainda adolescente. Um belo arranjo e uma extraordinária produção colocaram pai e filha dividindo a primeira e a segunda voz da mesma música, em um momento encantador recompensado com três prêmios Grammy.

Natalie morreu em 2015, aos 65 anos, mas na canção e no vídeo, que pode ser visto no YouTube, ela e seu pai continuam inesquecíveis, como Elis Regina e o amigo Johnny Black. Não tenho imagens do dia em que colocamos Elis e Bosco cantando "O bêbado e a equilibrista", mas me emociono sempre que vejo Natalie e Nat King Cole felizes, unidos pela música além das dimensões da vida e da morte.

# Agradecimentos

AGRADEÇO A TODOS os que me ensinaram algo sobre jornalismo, lições que agora retransmito neste livro. Foram tantos os meus professores, constantes ou eventuais, que certamente esquecerei alguns, mas não posso deixar de lembrar Fernando Portela, Sheila Lobato, Pedro Autran Ribeiro, Jéthero Cardoso, Vital Bataglia, Maria Amélia Rocha Lopes, Sergio Quintanilha, Fernando Sandoval, Edison Scatamacchia, Castilho de Andrade, João Pedro Bara Filho, Fausto Macedo, Odair Pimentel e Alberto Quartim de Moraes, além de fotógrafos, motoristas e do Érico, otimista dono do *Mini Jornal* de Cidade Dutra – de quem não recordo mais o sobrenome –, que previu que esse bichinho entraria no meu sangue e não sairia mais.

Agradeço, ainda, aos que me instruíram e influenciaram com seus livros, como Gay Talese, Ernest Hemingway, Albert Camus, Machado de Assis, Nelson Rodrigues, Mário Filho, Rubem Braga e Armando Nogueira. Eles provaram que é possível perseguir o texto perfeito para cada momento. Talvez nunca o encontremos, mas essa busca é o nosso caminho – e vale a pena.

IMPRESSO NA
**sumago** gráfica editorial ltda
rua itauna, 789 vila maria
**02111-031** são paulo sp
tel e fax 11 **2955 5636**
**sumago**@sumago.com.br